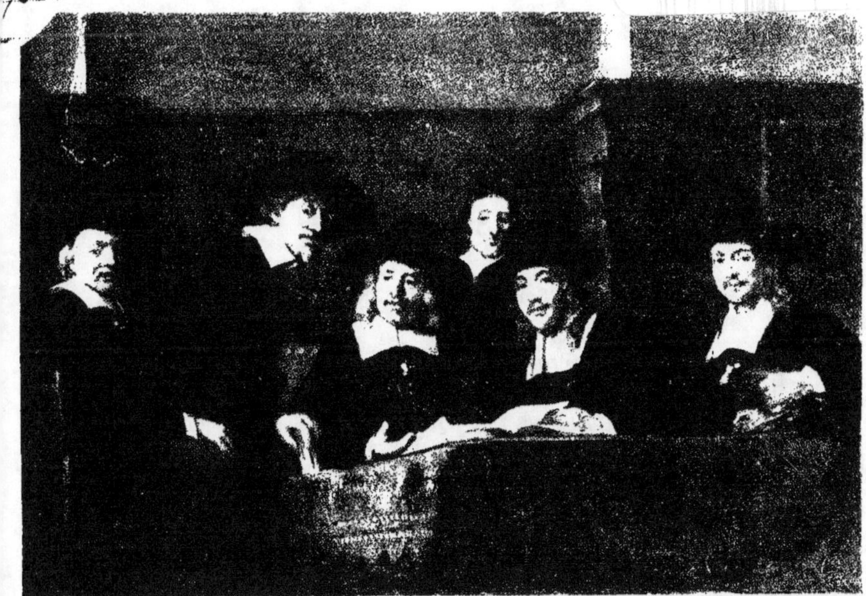

ENCYCLOPÉDIE PAR L'IMAGE

REMBRANDT

LIBRAIRIE HACHETTE

ENCYCLOPÉDIE PAR L'IMAGE

L'IMAGE EST REINE : nous vivons au siècle de la photographie. Dans les quotidiens, dans les revues, les magazines, c'est l'image qui nous renseigne la première, et d'un simple coup d'œil, sur les événements du jour, les découvertes scientifiques aussi bien que les nouveautés de l'art. Le texte ne vient qu'après.

CAR LE TEMPS MANQUE. A notre époque de lutte pour la vie, chacun, absorbé par ses occupations, n'a guère de loisirs. Pour prendre connaissance d'un article, même court, il faut de longues minutes. Pour regarder un dessin, un croquis, une photographie, en saisir le sens évocateur, il suffit de quelques secondes.

Voici donc, au royaume des livres, la grande nouveauté de notre temps : L'Encyclopédie par l'Image.

DANS L'ENCYCLOPÉDIE PAR L'IMAGE, l'image méthodiquement groupée, classée en une succession ordonnée et logique, renseigne instantanément mieux que les explications les plus étendues.

L'ENCYCLOPÉDIE PAR L'IMAGE embrasse toutes les branches des connaissances humaines : *Histoire, Géographie, Sciences, Art, Littérature, Jeux et Sports,* etc.

A chaque sujet elle consacre un volume merveilleusement illustré de 150 gravures qu'accompagne un texte clair, facile, attrayant. On le lira avec un intérêt passionné; on le relira ensuite et on le consultera sans cesse. L'ensemble formera l'Encyclopédie la plus riche et la plus pittoresque qui ait jamais été réalisée.

AVEC L'ENCYCLOPÉDIE PAR L'IMAGE, chacun pourra se constituer, peu à peu, une Encyclopédie complète et constamment à jour, qui, au fur et à mesure de la publication des différents volumes, se classera par ordre alphabétique pour la plus grande commodité des recherches.

Classer les volumes d'après la lettre figurant en 4ᵉ page
de couverture.

ENCYCLOPÉDIE PAR L'IMAGE
REMBRANDT

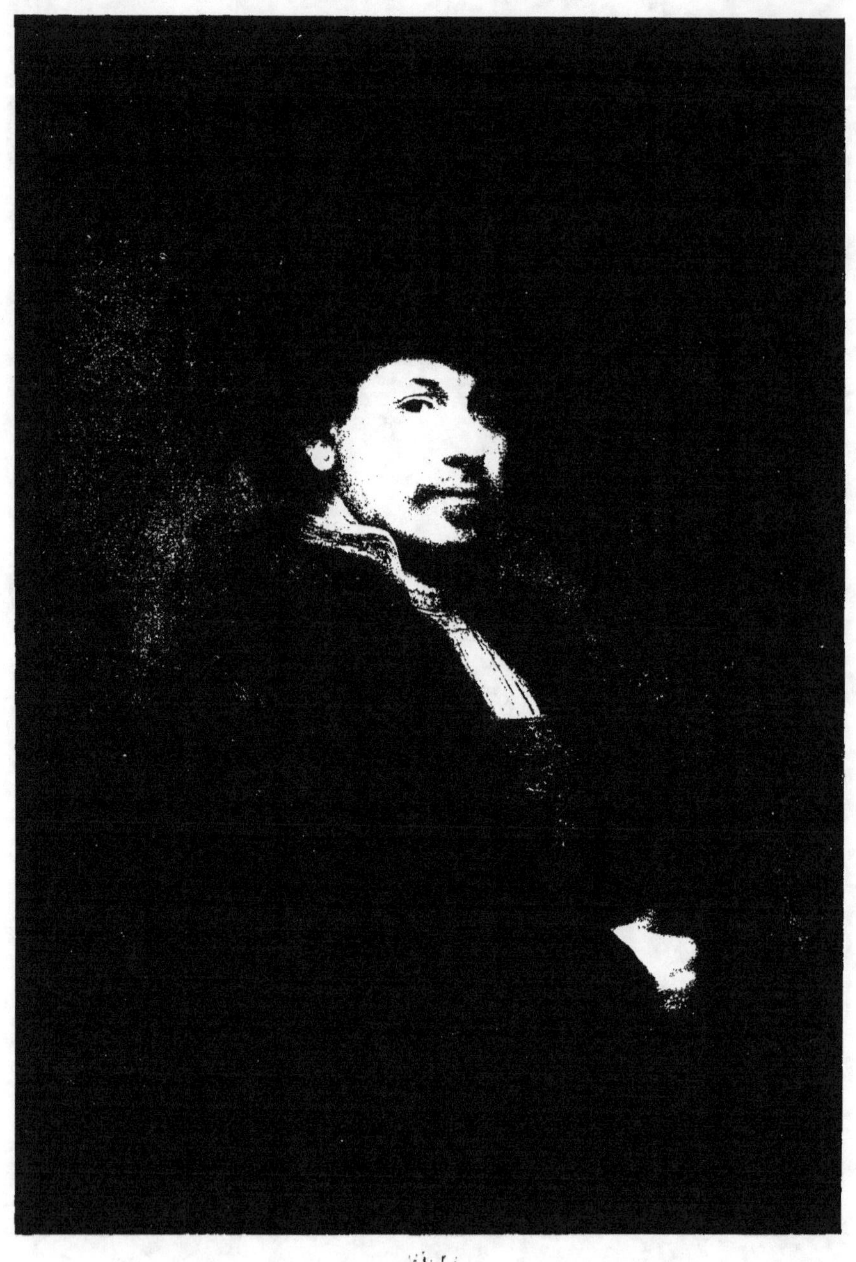

PORTRAIT DE REMBRANDT (Peinture, 1640, National Gallery, Londres). ◙ *L'artiste a trente-quatre ans. Il a déjà connu ses plus éclatants succès. Mais il voit déjà plus loin, bien au delà de l'intelligence et du goût de ses contemporains.*

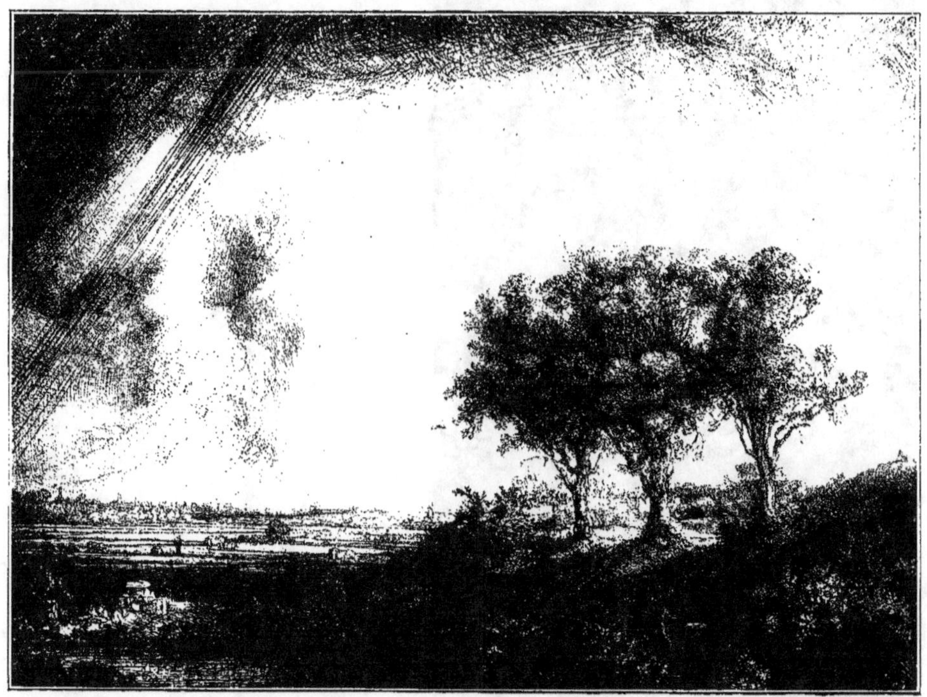

LES TROIS ARBRES (Eau-forte, 1643). ⌀ *Si Rembrandt a quelques rivaux en peinture, il est, sans conteste, le roi des graveurs. Chacune de ses planches est un hymne à la lumière.* (Bibl. Nat.) (Cl. Hachette.)

REMBRANDT

LIBRAIRIE HACHETTE

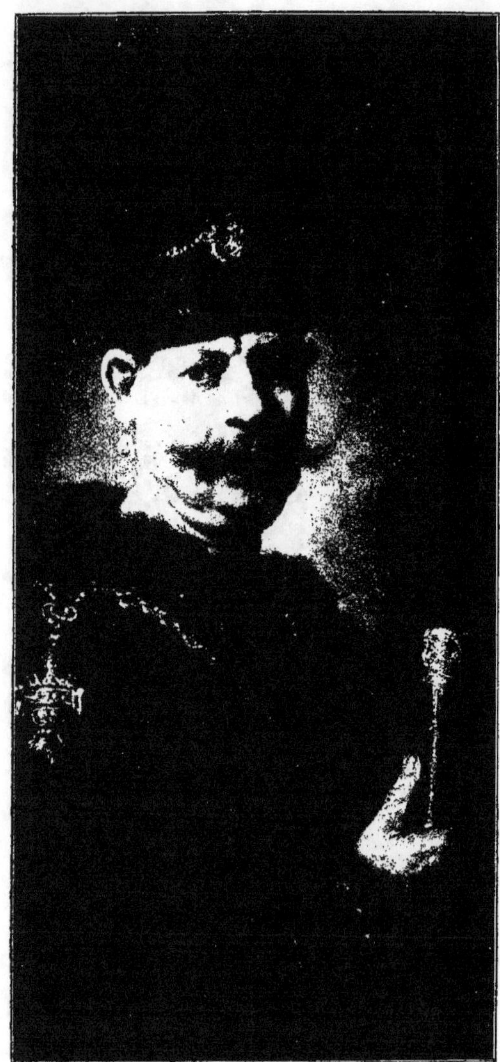

Portrait autrefois dit de Sobieski (Peinture, 1637, fragment). *Ce n'est pas assez de lui retirer ce nom absurde et de le baptiser discrètement un prince slave . Sous cet accoutrement magnifique, il n'est pas malaisé de reconnaître, puissamment accusés, les traits de Rembrandt en personne.* (Musée de l'Ermitage, Leningrad.) (Cl. Braun.)

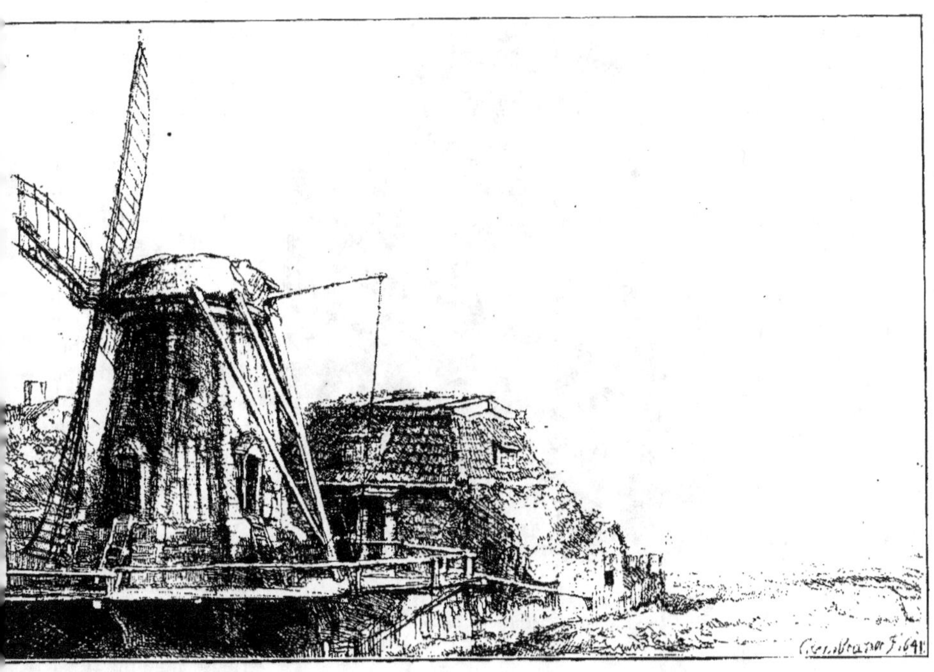

LE MOULIN DE REMBRANDT (Eau-forte, 1641). *Malgré cette appellation consacrée, nous n'avons pas ici une vue du moulin paternel. L'artiste était déjà loin de sa ville natale quand il traça cet alerte croquis. (Bibl. Nat.) (Cl. Hachette.)*

REMBRANDT

CHAPITRE I

LEYDE

LE MOULIN PATERNEL. 🍃🍃 Une eau-forte célèbre de Rembrandt représente un vieux moulin, dont les ailes tournent dans un grand ciel, au-dessus de la plaine néerlandaise. Longtemps la tradition a fait naître l'artiste dans cette masure, encore majestueuse dans son délabrement. C'est là qu'illuminant la danse des poussières d'or sous l'enchevêtrement des charpentes, le soleil aurait révélé à ses yeux d'enfant la magie de la lumière et de l'ombre. C'est de ce balcon branlant qu'il aurait suivi d'un regard émerveillé la procession des grands nuages au-dessus de l'horizon monotone.

La réalité est à peine différente. Rembrandt est né, le 15 juillet 1606, à Leyde, tout à l'extrémité de la ville, du côté du couchant, à l'endroit où le Vieux-Rhin débouchait dans les bas pâturages et se dirigeait vers la mer du Nord.

A la rencontre du fleuve et du canal de ceinture, le rempart du Pélican dominait la campagne environnante. Sur le terre-plein, comme tout le long de l'enceinte, des moulins présentaient leurs ailes à tous les vents. Il y en avait alors deux à cet endroit : le plus vieux, dit « le Romein », avait appartenu en partie à la grand'mère de Rembrandt ; l'autre, baptisé « le Ryn » servait à la mouture de la drèche ; c'était une construction de bois qu'on avait transportée de toutes pièces de Noordwijck, en 1575. Harmen Gerritsz, père de notre artiste, en était le principal propriétaire.

Harmen Gerritsz van Ryn était, dans son quartier, un personnage d'une certaine importance. En contre-bas du rempart, face aux deux moulins, dans la ruelle de l'Abreuvoir (Weddesteeg), il possédait quatre maisons, sur les sept ou huit qui s'alignaient là, tout au bout de la ville. Il avait encore un ou deux jardins, hors les murs, sur les bords du fleuve.

Quatre enfants étaient nés avant Rembrandt. L'aîné, Adriaen, qui pouvait avoir alors seize ans, aidait son père, à qui il devait succéder. Un autre, Willem, devait devenir boulanger, comme son grand-père maternel.

A L'UNIVER-SITÉ. AP-PRENTIS-SAGE CHEZ SWANENBURCH. ◢ ◢ Rembrandt se manifesta sans doute d'étoffe trop fine pour être dirigé vers ces professions utilitaires. Comme il approchait de quatorze ans, le 20 mai 1620, ses parents le conduisirent à l'Académie de Leyde et le firent inscrire pour l'étude des belles-lettres.

Le chemin n'était pas long de la maison paternelle à l'Université. L'écolier n'avait qu'à suivre les quais

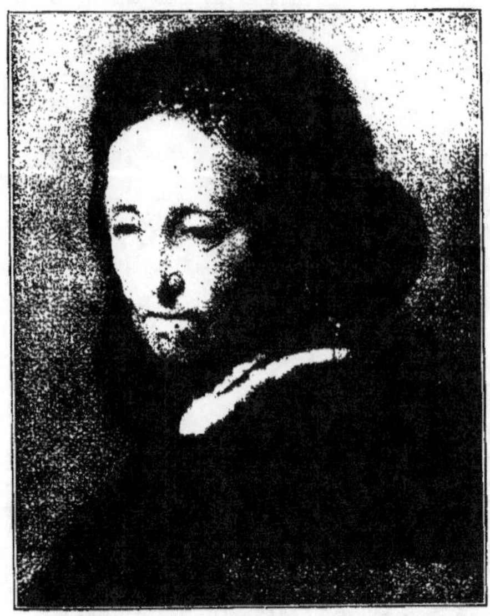

LA MÈRE DE REMBRANDT (Peinture, vers 1628). ◢ *Panneau grand comme la main, exécuté avec la piété d'un miniaturiste.* (Musée de La Haye.)

autre, Willem, devait

VIEILLARD DORMANT AU COIN DU FEU (Peinture, 1629). ◢ *Petite composition imprégnée de silence et d'intimité. Le père du jeune peintre a servi de modèle.* (Musée de Turin.) (Cl. Anderson.)

ombragés du Rapenburg ou à longer les remparts, devant l'enclos du Doelen des arquebusiers. Créée en 1575, l'Académie avait déjà un grand renom. Les bâtiments, restaurés en 1616, après un incendie, faisaient fort imposante figure, avec leur chapelle, leur riche bibliothèque, leurs amphithéâtres, leur jardin botanique renommé. Des humanistes et des théologiens illustres, comme Juste-Lipse, Scaliger, Marnix de Sainte-Aldegonde, y avaient enseigné. Les Elzévir avaient, depuis 1587, leur glorieuse librairie sur les

terrains de l'Académie.

Dans ce milieu de haute culture, Rembrandt acquit sans doute quelque noblesse d'esprit, mais il n'eut guère le temps de devenir un grand lettré. Dès l'année, suivante, en effet, nous le voyons aller vers sa destinée, la peinture.

La vocation lui était peut-être venue un jour à l'Hôtel de Ville, devant le *Jugement dernier*, de son compatriote Lucas de Leyde, à qui il voua toujours un culte très fervent. Peut-être eut-il la révélation de sa future existence chez un peintre de moindre envergure, Jacob van Swanenburch, qui était quelque peu son parent.

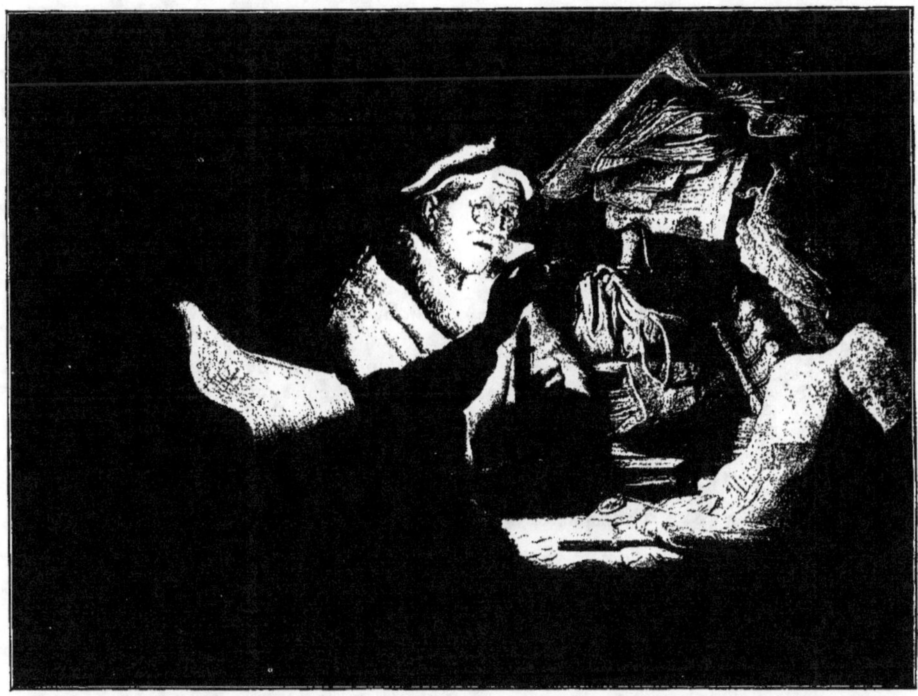

Le Changeur (Peinture, 1627). ✍ *On ne connaît pas d'œuvre plus ancienne de notre artiste. Vêtu de défroques de l'ancien siècle, le père de Rembrandt s'est prêté à une curieuse étude d'éclairage. (Musée de Berlin.) (Cl. Hanfstaengl.)*

Si Swanenburch n'est pas complètement oublié aujourd'hui, c'est bien à Rembrandt qu'il le doit. Mais à cette époque, il jouissait, tout au moins dans son petit cercle, d'une considération d'autant plus solide qu'il ne la devait pas à lui-même. Son père, Isaac van Swanenburch, avait été, en même temps que peintre de talent, échevin et bourgmestre. On conçoit que, dès ses débuts, Jacob n'ait pas eu de peine à recueillir d'honorables commandes. Il avait été chercher ensuite en Italie, dans un séjour de plusieurs années, le prestige de la plus haute initiation artistique que pût alors recevoir un peintre. Deux de ses frères maniaient le pinceau et le burin.

C'est chez Swanenburch que Rembrandt fut mis en apprentissage. Il y passa, selon la coutume, trois ans. Quand l'apprenti s'appelle Rembrandt, il n'est pas besoin d'un homme de génie pour lui mettre la palette en mains et lui suggérer les recettes élémentaires. De fait, l'élève surprit son entourage par la rapidité de ses progrès et il fallut bientôt chercher ailleurs un maître qui eût quelque chose à lui apprendre.

CHEZ LASTMAN — DÉBUTS AVEC LIEVENS.

✍ ✍ Il y avait, alors, dans le voisinage, un brodeur en tapisserie, dont le fils, Jan Lievens, du même âge que Rembrandt et même un peu plus jeune, l'avait cependant devancé dans l'étude de la peinture. Le petit Lievens avait à peine huit ans quand on l'avait mis en apprentissage à Leyde ; à onze ans, il était parti à Amsterdam pour accomplir ses trois années de compagnonnage. Si bien qu'au moment même où Rembrandt entrait chez Swanenburch, Lievens, âgé de quatorze ans, était déjà de retour dans sa ville, pourvu de sa licence de peintre et émerveillant ses compatriotes par son savoir-faire.

Rembrandt, c'est plus que probable, était dès lors en relations avec le jeune prodige et c'est lui qu'il prit sans doute pour conseil et pour modèle. Lievens venait de travailler à

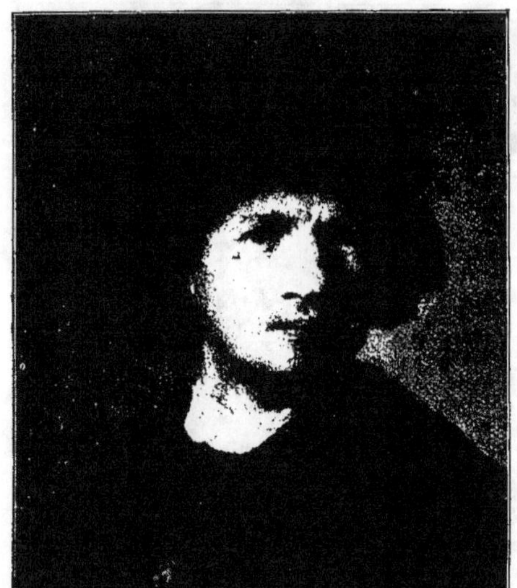

REMBRANDT COIFFÉ D'UNE TOQUE (Peinture, vers 1628.)
☙ *Avide de peindre d'après nature, le débutant a trouvé en lui-même le modèle le plus exact à tous les rendez-vous.*
(Collection de la comtesse H. Delaborde.)

Amsterdam dans l'atelier de Lastman; c'est chez Lastman que Rembrandt fut envoyé.

Cette fois encore, l'élève devait devenir le plus sûr titre de gloire du maître. Ce n'est pas dire pourtant que Lastman fût sans quelque valeur. Il avait appartenu à Rome, au début du siècle, à ce groupe de germains italianisants qui gravitaient autour du francfortois Elsheimer, le peintre des effets de nuit. Ils se montraient épris des oppositions violentes de lumière et d'ombre, de modelés vigoureux jusqu'au trompe-l'œil, de tout ce langage robuste et grave que Michel-Ange de Caravage venait de parler beaucoup mieux qu'aucun d'entre eux. Ce qui leur fait une espèce d'originalité, c'est que tous et Lastman lui-même, malgré le prénom de Pietro, dont il s'est affublé, ont gardé dans leur parler d'emprunt un ineffaçable accent du Nord.

Rembrandt connut donc la culture italienne, mais de seconde main, interprétée par un maître au faire rude et souvent lourd, curieux d'accoutrements exotiques et d'éclairages saisissants et imprégné en même temps, en néerlandais qu'il était, de naturalisme un peu terre-à-terre.

Dans sa maison de la Breestraat, à l'enseigne de la Chaire à prêcher, Rembrandt ne

passa que six mois. La disette, la peste et la scarlatine faisaient d'Amsterdam, en cette année 1624, une résidence fort peu enviable : il résolut, suivant le mot du bourgmestre Orlers, son plus ancien biographe, « d'étudier et d'exercer seul et à sa propre guise. »

Le voilà donc, à dix-huit ans, de retour à Leyde. L'absence, dans cette ville, d'une gilde de Saint-Luc l'autorisait à pratiquer son art sans être muni de sa licence de peintre. Il n'était pas pour cela exilé dans un désert. Par Swanenburch, il pouvait avoir accès chez le grand paysagiste Van Goyen, peintre des ciels lumineux et des eaux transparentes. Il avait aussi toutes facilités pour pénétrer dans l'atelier d'un ancien maître de Lievens, Joris van Schooten, très exact et très honorable peintre de portraits, leydois pur sang, qu'aucun voyage outre-monts n'avait tenté. Le jeune homme pouvait surtout fréquenter Lievens en personne, avec qui nous allons le voir sur le pied de la plus intime camaraderie.

En 1627, en effet, nous trouvons les deux jeunes gens installés ensemble dans une des maisons du père de Rembrandt. Un rez-de-chaussée bien éclairé, du côté du jardin, leur servait d'atelier. C'est une véritable association et il y a, pendant cette période, telle toile ou

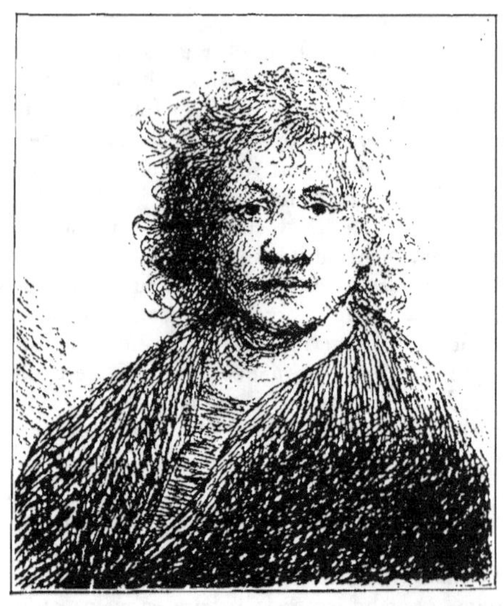

REMBRANDT AU NEZ LARGE (Eau-forte, vers 1628). ☙ *Dans sa petite maison de Leyde, le jeune homme ne quitte le pinceau, que pour s'essayer à la gravure avec la même ardeur.*
(Bibl. Nat.) (Cl. Hachette.)

telle eau-forte où l'on aurait peine à distinguer ce qui revient à Rembrandt et ce qui revient à Lievens.

PREMIERS PORTRAITS. ⌀ ⌀ Les modèles eux-mêmes sont communs. Ce sont, le plus souvent, le père et la mère de Rembrandt, dont on ne manquait pas de mettre la bonne volonté à l'épreuve lorsqu'ils venaient s'intéresser au travail des jeunes artistes.

L'honnête meunier ne se contentait pas d'offrir à l'œil implacable de son fils son crâne chauve, sa moustache rebelle, sa barbe rare, sa petite toque fripée et sa vieille houppelande fourrée. Il consentait volontiers à s'affubler, pour le pittoresque ou la couleur locale, de défroques à l'ancienne, de nobles armures ou de panaches martiaux.

De sa mère, Rembrandt a multiplié les images avec une véritable piété. Son visage sillonné de rides, ses lèvres tremblantes refermées sur le vide de la bouche lui ont inspiré des études pleines de naturel, de sérieux et de tendresse.

Mais Rembrandt a dès lors un modèle plus complaisant encore : un modèle qui est toujours présent, toujours prêt, qui revêt tous les costumes, qui prévient les moindres intentions, qui rectifie de lui-même la pose et dont le

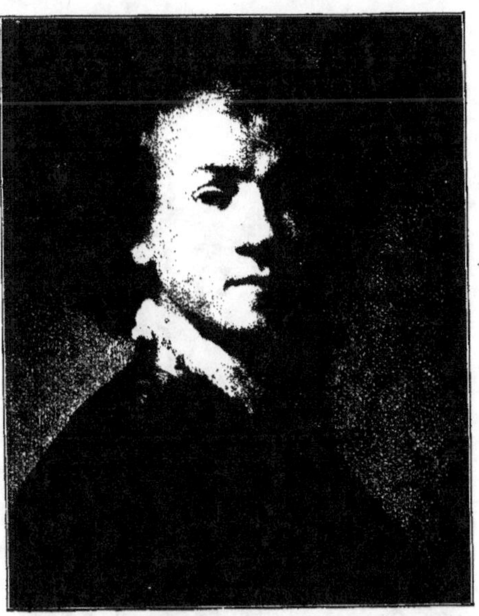

REMBRANDT AU HAUSSE-COL D'ACIER (Peinture, vers 1629). *⌀ Il est âgé de vingt-trois ans, mais il a, dit un contemporain, l'apparence d'un véritable enfant. Un enfant qui ferait la leçon à ses maîtres. (Musée de La Haye.) (Cl. Braun.)*

regard renvoie au peintre les nuances les plus insaisissables de sa propre pensée ; un modèle surtout qu'il n'est pas besoin de ménager et de flatter et qui verra l'œuvre du même œil que l'auteur. On se doute que ce modèle est Rembrandt en personne.

Il ne semble pas qu'aucun autre artiste se soit représenté aussi souvent qu'il l'a fait d'un bout à l'autre de sa carrière et l'on remplirait une galerie avec les portraits de Rembrandt par lui-même. Nous avons puisé avec un plaisir particulier dans cette iconographie pour l'illustration de ce petit livre parce que c'est une des plus belles séries de l'œuvre et aussi parce que, pour compenser l'absence presque complète d'écrits autographes et la pauvreté des documents laissés par les contemporains, nous avons là le plus saisissant des témoignages et la plus précieuse des confessions.

Le voici à l'époque de ses débuts, avec sa bonne figure ronde, ses cheveux embroussaillés qui s'ébouriffent au moindre souffle, son nez épaté, son front volontaire où l'attention creuse déjà un profond sillon vertical, ce regard intense qui veut tout voir, qui vous fouille jusqu'au fond de l'être, avec un singulier mélange de

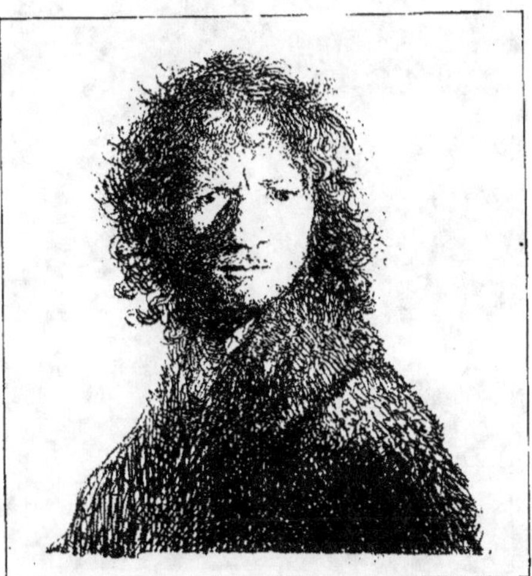

REMBRANDT FAISANT LA MOUE (Eau-forte, vers 1628). *⌀ Des nerfs qui frémissent au moindre contact. Mais l'artiste les mettra aux ordres d'une volonté de fer. (Bibl. Nat.) (Cl. Hachette.)*

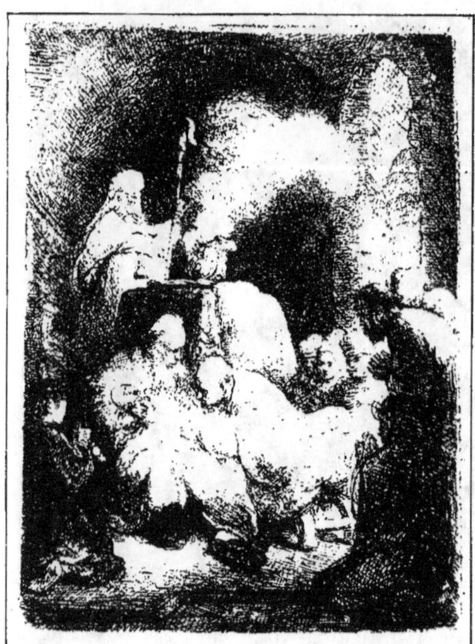

LA PETITE CIRCONCISION (Eau-forte, vers 1630). *Tracée d'une pointe menue et capricieuse, la scène a déjà un rare mélange de naturel et de majesté.* (Bibl. Nat.) (Cl. Hachette.)

lucidité et de sympathie, cet air d'autorité surprenant chez un si jeune homme, cette physionomie franche, hardie, résolue, parfois égayée par un rire de gamin, parfois assombrie de la mélancolie des êtres qui vivent beaucoup seuls avec eux-mêmes.

C'est un des traits permanents de l'esprit de Rembrandt que ce penchant à la représentation de soi-même et des personnes de son entourage : goût de la vie intérieure et de l'intimité, recherche du travail en profondeur et par suite prédilection pour les visages les mieux connus comme pour les thèmes les plus généraux, les plus familiers. Qu'a-t-il besoin de courir après les sujets, puisque ce qu'il faut résoudre c'est un certain problème de l'art de peindre, qui se pose à lui dès ses débuts et dont nous lui verrons serrer de plus en plus près la solution ?

LA VISITE DE CONSTANTIN HUYGENS.

Sa carrière est à peine commencée que les plus éclairés, les mieux intentionnés de ses contemporains

ne le comprennent qu'à moitié. Nous en avons un bien curieux témoignage dans la visite que fit vers cette époque à la petite maison de Leyde un curieux de marque, Constantin Huygens, seigneur de Zuylichem.

Constantin ne devait pas conserver une gloire aussi solide que son frère cadet, Christian, le grand géomètre, physicien et astronome. Mais il était alors très en faveur à la cour du Stathouder, et il écrivait à ses moments perdus de savants poèmes latins ou hollandais fort goûtés des contemporains. Il entretenait des relations suivies avec les hommes les plus distingués de l'Europe. Corneille, Balzac et Descartes étaient parmi ses correspondants. Parmi les peintres, il connut Rubens, Mierevelt, Ravesteyn. La renommée précoce des deux jeunes leydois ayant piqué sa curiosité, il voulut les voir de ses yeux et comme il eut plus tard l'heureuse idée de noter cette entrevue dans ses mémoires, en un latin fort alam-

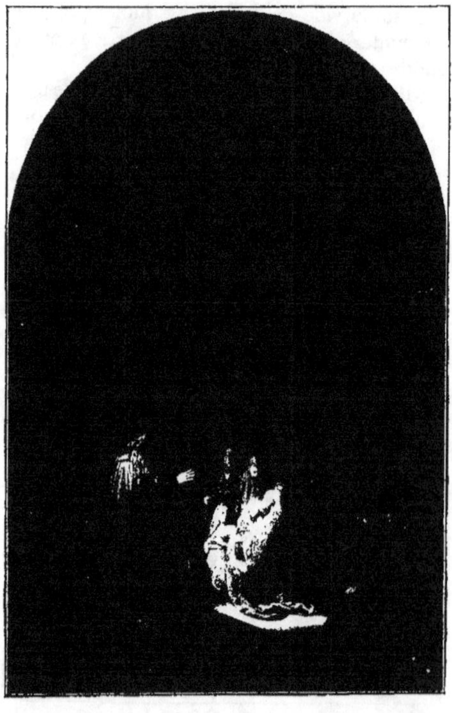

LA PRÉSENTATION AU TEMPLE (Peinture, 1631). *Petite composition, grande par la mise en page. Un rayon de lumière perce la pénombre et frappe au bon endroit.* (Musée de La Haye.) (Cl. Hanfstaengl.)

biqué mais avec des détails très circonstanciés, nous avons la bonne fortune de pouvoir pénétrer avec lui dans l'atelier de l'association.

Rembrandt et Lievens ont alors l'apparence de véritables enfants. Leur développement physique a été contrarié par une vie sédentaire. Dans leur rage de travail, ils ne s'accordent aucun des plaisirs de leur âge. Huygens n'a jamais vu pareil exemple de zèle et d'application.

Quel démenti, note notre moraliste, à toutes les règles admises ! L'un est fils d'un brodeur et l'autre d'un meunier ; voilà pour l'hérédité ! Comme maîtres, ils n'ont eu que des peintres médiocres, indignes de leurs élèves, et voilà pour l'éducation ! Cependant ils égalent déjà — s'ils ne les surpassent — les plus célèbres contemporains. Rembrandt même, ce blanc-bec, ce meunier, ce batave, à peine sorti des murs de sa ville natale, se hausse au niveau d'Apelles, de Protogène et de Parrhasius ! Peut-

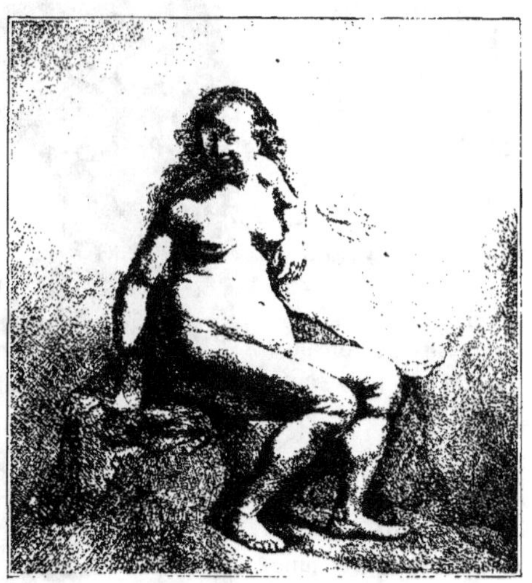

Femme assise sur une butte (Eau-forte, vers 1630). ∅ *On dirait que le graveur se plaît à protester contre le mensonge du canon académique. Ce n'est point la beauté du modèle qui lui importe, mais la sincérité de l'artiste.* (Bibl. Nat.) (Cl. Hachette.)

être n'a-t-il pas l'invention, la grandeur, l'abondance de son camarade Lievens (c'est toujours, bien entendu, Huygens qui parle), mais dans ses petits sujets, qu'il traite avec application, il met une vie et une intensité d'expression inégalables.

La production du jeune artiste est déjà si considérable que le visiteur a reculé devant un inventaire. Mais il ne peut s'empêcher de s'arrêter devant un *Judas rapportant au grand prêtre le prix du sang*, dont le pathétique lui arrache une enthousiaste description. « Ni l'Italie, ni l'antiquité même, s'écrie-t-il, n'ont jamais rien produit de comparable ! »

Il n'y a qu'un seul reproche à faire à nos artistes, et Huygens n'y manque pas. Pourquoi n'ont-ils pas pris la peine de visiter l'Italie ? Pourquoi n'ont-ils pas voulu faire connaissance avec les œuvres de Raphaël et de Michel-Ange ? Ils auraient certainement atteint le comble de leur art !

Les jeunes gens s'en tirèrent par une défaite modeste et polie : « Le temps nous a manqué jusqu'à présent, dirent-ils ; un voyage est long et pénible parce que les œuvres sont fort dispersées ; nous nous contenterons de voir les chefs-d'œuvre de l'art italien qui ont déjà passé les monts. »

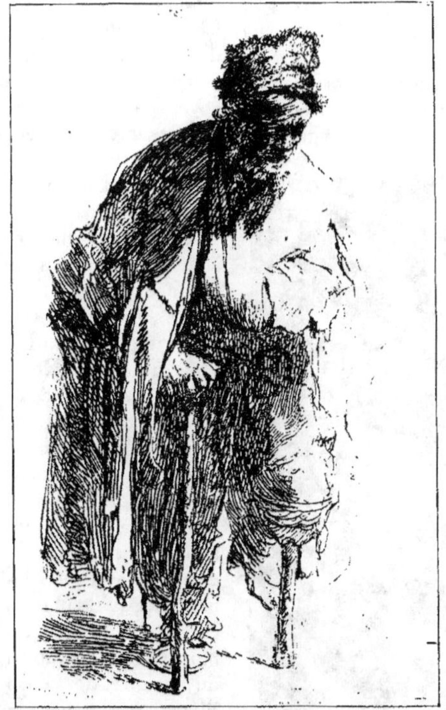

Gueux estropié (Eau-forte, vers 1630). ∅ *Mendiants vagabonds, loqueteux, éclopés, qui couraient alors le pays, le séduisent par leur pittoresque et leur humilité.* (Bibl. Nat.) (Cl. Hachette.)

TENDANCES DE REMBRANDT. PREMIÈRES ÉTAPES. 🖉 🖉 Ce n'était certainement pas la première fois que Rembrandt recevait semblable conseil. Et ce ne sera pas la dernière. Mais sa religion était déjà faite ; un observateur plus clairvoyant et moins prévenu que Huygens l'eût compris : son esprit bouillonnait d'idées qui ne trouvaient leur expression dans aucune langue étrangère.

Il chérissait, en homme du Nord, la nature jusque dans ses tares et ses difformités. Le nu, qui est la grande affaire de l'art méridional, n'est pas sans l'intéresser. Il étudie, bien au contraire, le corps humain avec ferveur, toutes les fois qu'il peut, mais avec un œil tout neuf, sans souci de montrer sa science des dessous anatomiques, ni d'étaler ses réminiscences des grands modèles antiques. Il ne cherche pas davantage à dégager de la réalité, à l'aide d'abstractions et d'épurations, un type supérieur de structure animale, des attitudes harmonieusement balancées, une combinaison de lignes nobles et de formes décoratives, cet idéal, en un mot, légué par la Grèce à l'Italie. Comme l'avaient fait avant lui Dürer ou Lucas de Leyde, il préfère détailler les pauvretés de tel corps féminin

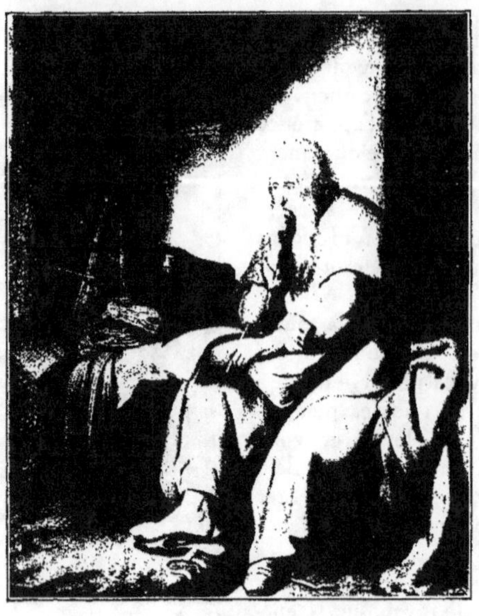

SAINT PAUL DANS SA PRISON (Peinture, 16_7). 🖉 *Thème de la méditation, rendu surtout par la justesse de l'expression et de la mimique. (Musée de Stuttgart.) (Cl. Bruckmann.)*

sistes et d'oripeaux singuliers. Mais cela, ce sont les procédés employés par ses maîtres. Or il aura vite fait de se créer des moyens d'expression plus secrets et plus puissants.

Que l'on compare, à quelques années de distance, deux variantes de son thème favori de la méditation. De l'une à l'autre, Rembrandt a marché à pas de géant, et ce jeune homme de vingt-cinq ans, perdu dans sa petite province, est devenu à ce point maître de son art qu'il en a déjà reculé les limites et qu'il sait nous communiquer, par les moyens les plus subtils du peintre, les états d'âme que seules la musique et la poésie semblaient capables d'exprimer.

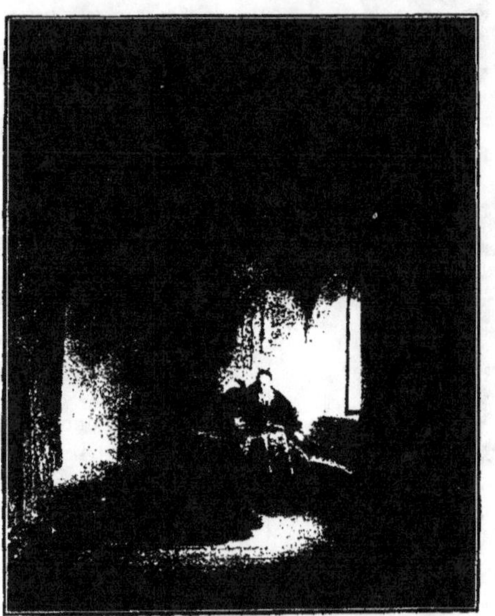

SAINT ANASTASE DANS SA CELLULE (Peinture, 1631). 🖉 *Même thème, exprimé par la poésie secrète des lignes et des ombres. (Musée de Stockholm.) (Cl. Rosenberg.)*

avec une sincérité intransigeante qui est une forme supérieure de sympathie.

Dans l'ordre moral, cette sympathie s'étend aux pauvres gens, aux infirmes, aux « gueux » dont il a tracé d'inoubliables portraits. Même dans ses compositions religieuses, il ne craint pas, à l'occasion, d'introduire un air de vérité par des détails d'un cynisme bon enfant.

Et pourtant, ce peintre épris de réalité était aussi dès lors le poète du grandiose et du fantastique. Il se plaisait à évoquer un Orient étrange, à l'aide d'architectures fantaisistes

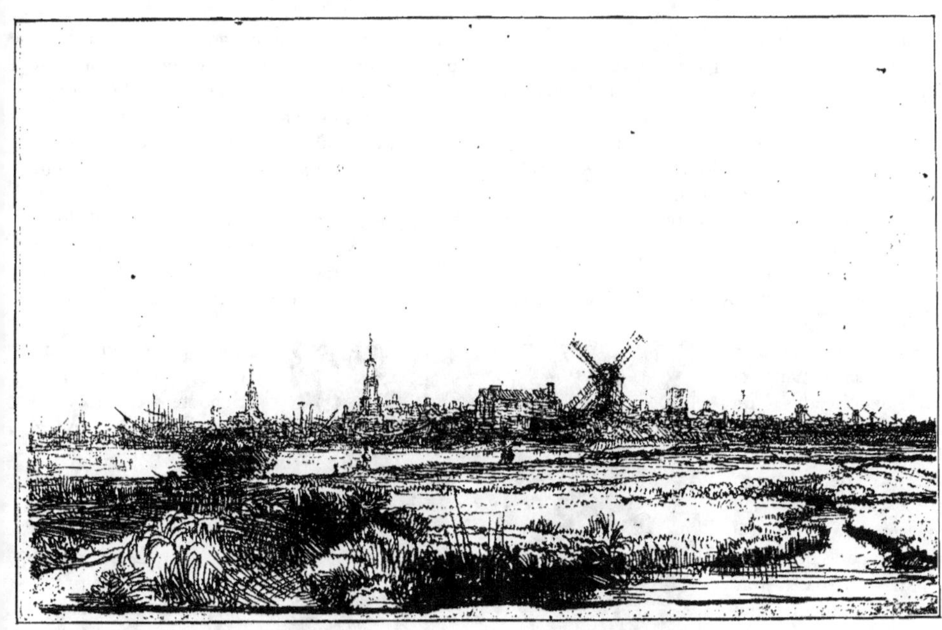

VUE D'AMSTERDAM (Eau-forte, vers 1641). *Il suffit de regarder autour de soi, enseigne Rembrandt, pour trouver plus de beautés qu'une vie d'artiste ne pourrait en exprimer.* (Bibl. Nat.) (Cl. Hachette.)

CHAPITRE II

DE « LA LEÇON D'ANATOMIE » A « LA RONDE DE NUIT »

REMBRANDT SE FIXE A AMS-TERDAM. *Rembrandt était encore domicilié à Leyde en 1631, mais, dès cette date, nous le voyons faire à Amsterdam de fréquents séjours.

Il descend alors chez Hendryck van Uylenborch, qui tenait dans la Breestraat un commerce d'antiquités et d'objets d'art. Des relations d'affaires et d'amitié s'étaient nouées entre les deux hommes. Uylenborch procura à Rembrandt des clients, lui édita des estampes et sans doute éveilla en lui la passion de la brocante et de la collection. Les raisons ne manquaient pas à l'artiste de fréquenter chez lui : il y rencontrait en effet une jeune cousine, dont les cheveux blonds troublèrent assez vite son cœur et que nous verrons bientôt prendre dans sa vie une place importante.

Leyde fut donc de plus en plus abandonnée. Dès 1633, Rembrandt dit un adieu définitif à sa ville natale et se fixa, pour toujours, à Amsterdam.

Amsterdam était déjà ce qu'elle est restée : une des villes les plus actives, les plus prospères du monde et cependant une des moins bruyantes et des moins agitées. C'est une véritable capitale, sans mesquinerie, mais cependant réduite à des proportions raisonnables : l'habitant ne s'y sent ni perdu ni écrasé. Au temps de Rembrandt, elle tenait aisément dans son ancienne enceinte désaffectée, dont les vieilles tours avaient été utilitairement transformées en douanes, magasins ou poids publics. Les produits de l'Orient, les trésors du monde entier affluaient vers ses quais et ses entrepôts, drainés par la plus entreprenante marine marchande de l'Europe. Ses canaux, ombragés de beaux arbres, bordés de maisons de brique, brillantes de propreté, aux pignons joliment accidentés, entretenaient dans l'atmosphère cette légère humidité qui tamise la lumière et lui donne une finesse délicieuse pour des yeux exercés. Ajoutons qu'Amsterdam, où cohabitaient nombre de sectes religieuses, où grouillait une population juive d'aspect pittoresque et d'esprit incisif, était, autant qu'il était possible à cette date, une ville tolérante, dans laquelle, selon le mot de Descartes, on pouvait vivre libre et solitaire au milieu d'une foule absorbée par ses propres occupations.

Dans le courant de l'année 1633, Rembrandt se mit dans ses meubles et installa tant bien que mal sa demeure et son atelier, dans un entrepôt vacant du Bloemgracht, près de l'Eglise de l'Ouest, la Westerkerk. Le marché qui donnait son nom à ce " quai aux Fleurs " mettait, trois fois par semaine, une jolie animation dans ce quartier tranquille.

C'est de là que Rembrandt fit la conquête d'Amsterdam, et y devint, ainsi qu'allait l'écrire le bourgmestre Orlers, « un des peintres les plus célèbres de son siècle. »

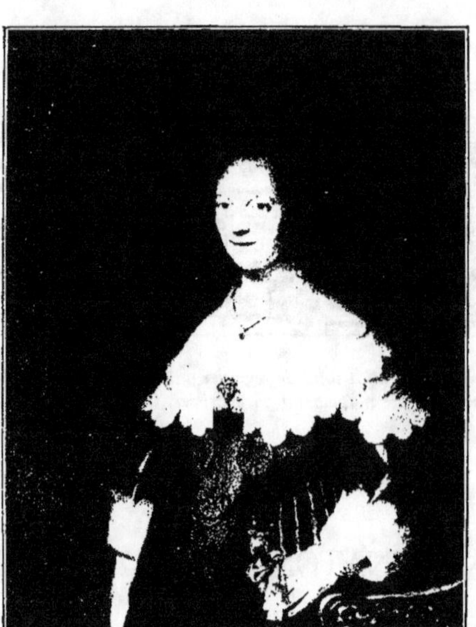

JEUNE FEMME TENANT UN ÉVENTAIL (Peinture, 1639). *Un des nombreux portraits qui, par leur exactitude encore aimable, firent alors la vogue de Rembrandt. (Musée d'Amsterdam.)*

LA PEINTURE HOLLANDAISE. ⌀ ⌀

Il faut dire qu'il donna alors précisément à ses compatriotes la peinture qui leur convenait. Pratiques, sages, d'horizon un peu confiné, les Hollandais se souciaient assez peu de ces fictions savantes, nobles ou voluptueuses qui accompagnaient si bien, sous le ciel italien, une vie de cour à la fois raffinée en sa culture et violente dans ses passions. Ils s'intéressaient moins à la Fable ou à l'Antiquité qu'à leur propre existence journalière, industrieuse et rangée. La peinture sacrée elle-même voyait son champ limité par une religion moins idolâtre que dans le Midi ou même dans les Flandres. Comme on l'a souvent dit, un tel peuple ne pouvait désirer que son propre portrait.

Au portrait même, image des gens, des sites ou des choses, ils demandaient avant tout la ressemblance. C'était une admirable clientèle pour des artistes exacts et consciencieux, et il n'est pas bien sûr qu'on eût senti le besoin de peintres en ce pays si la photographie y eut été déjà inventée.

Les portraitistes de marque pullulaient alors. Il ne leur était pas interdit d'être hardis et brillants, comme Franz Hals de Haarlem, mais la plupart se contentaient de se montrer très experts, très honnêtes et un peu bourgeois, comme Van Schooten de Leyde, Van Ravesteyn de La Haye, Mierevelt et Moreelse de Delft, Nicolas Elias et Thomas de Keyser d'Amsterdam. Dès qu'ils avaient fait leurs preuves dans les effigies isolées, ils mettaient le sceau à leur réputation en abordant, si nous osons dire, « le groupe ». Arquebusiers, officiers de la garde civique, membres des comités de bienfaisance, syndics de corporations, désireux de passer à la postérité dans la gloire de leurs fonctions, avaient pris l'habitude de laisser aux murs de leurs collèges le souvenir de leurs principales assemblées. Quand les crédits le permettaient, les portraits étaient grandeur nature.

« LA LEÇON D'ANATOMIE ». LE SUCCÈS. ⌀ ⌀

Par l'entremise de son hôte, Hendryck van Uylenborch, Rembrandt avait eu, au commencement de 1632, la première occasion de se mesurer avec ses aînés, en peignant, pour la corporation des chirurgiens, *la Leçon d'Anatomie du professeur Tulp.*

Le docteur Claes Pietersz, dit Tulp, n'était pas un modèle indifférent. Fils d'un riche

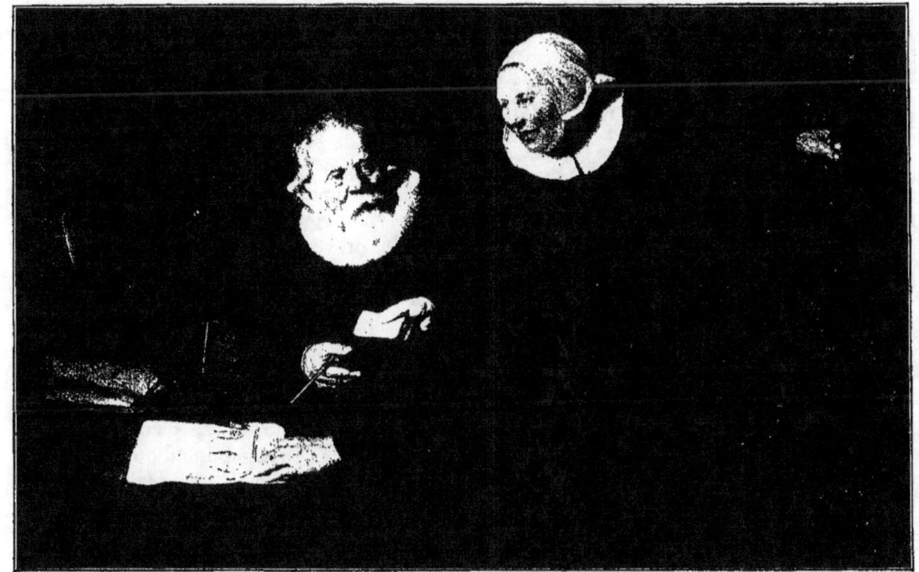

Le Constructeur de navires et sa femme (Peinture, 1633). ⌀ *L'artiste a commencé la série de ses grandes toiles où la bourgeoisie laborieuse et casanière des Pays-Bas trouve sa robuste expression.* (Buckingham Palace, Londres.) (Cl. Braun.)

négociant d'Amsterdam, il était lui-même trafiquant fort audacieux, puisqu'il prétendit lancer en Chine la sauge et la bourrache comme remèdes souverains contre la tristesse, et recevoir en échange d'excellent thé. Fort considéré, pour d'autres titres sans doute, dans son pays, il trouvait encore le temps d'exercer son triple métier de médecin, de chirurgien et d'apothicaire. Il avait même pris rang parmi les promoteurs les plus zélés des études anatomiques et faisait son cours, deux fois par semaine, audessus de la petite halle des bouchers.

En homme qui connaît la valeur de la publicité, il voulut une représentation mémorable d'une de ses séances magistrales de dissection. Il ne manqua certainement pas de taxer ses aides, qui devaient figurer auprès de lui et dont le peintre eut mission d'inscrire en bonne place les sept noms obscurs. Ce fut donc une commande importante. Rembrandt dut abandonner les petits formats qui lui étaient familiers et il se lança avec intrépidité dans une toile de sept pieds sur cinq.

La partie était difficile, car d'excellents peintres s'étaient déjà attaqués à un thème identique. Rembrandt l'aborda très simplement, avec le principal souci de faire huit portraits

bien vivants, bien parlants, vigoureusement détachés sur les vêtements sombres et le fond neutre. Avec une application un peu laborieuse, il varia leurs attitudes et leurs expressions et les groupa dans une belle composition pyramidale. Il eut soin de laisser au professeur une place de choix, bien au large. Au premier plan, il s'offrit un morceau de peintre : le raccourci du cadavre, aux formes communes rendues avec une superbe rigueur, et qui eût risqué de détourner l'attention à son profit, si ses chairs ne se fussent trouvées noyées dans une lumière plus blafarde que les visages des vivants.

On l'a dit et répété : cent fois, dans sa vie, Rembrandt s'est montré plus personnel, plus fort, plus artiste que dans cette toile célèbre. Mais de tout autre que lui, on la dirait admirable et elle répond parfaitement à son but. Elle avait surtout l'échelle nécessaire pour forcer et retenir l'attention. C'est beaucoup, pour le public, qu'une œuvre soit grande par les dimensions, et, quoiqu'on ait écrit du « sonnet sans défaut », un bon gros poème est un titre plus sûr pour être classé grand auteur.

Ce fut le succès, soudain, décisif. Rembrandt fut élevé du coup au rang de portraitiste en vogue. Il était trop profond pour se permettre,

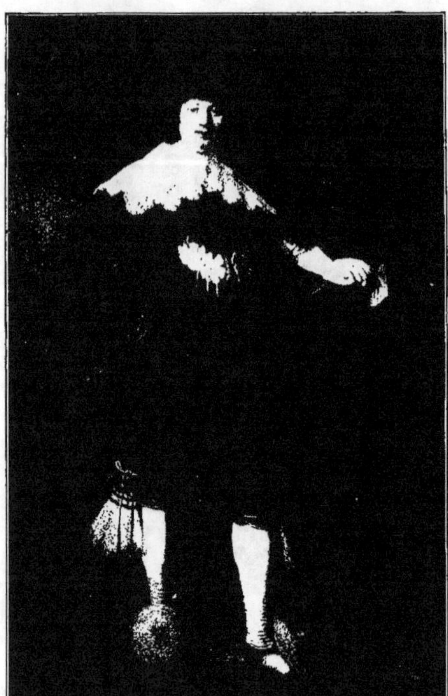

PORTRAIT DE MARTEN DAEY (Peinture, 1634, collection Gustave de Rothschild, Paris). *Cet élégant cavalier était né à Bréda en 1604. Il avait rempli au Brésil des fonctions mi-guerrières mi-administratives.* (Cl. Braun.)

au début de sa carrière, le brio de l'intrépide Franz Hals et il eut la modestie de lutter de sagesse, de correction et d'exactitude physionomique avec ceux de ses rivaux qui n'avaient pas d'autres mérites. Cependant, le tempérament perçait sous cette prudence et ses effigies avaient une robustesse, un relief, une sonorité qui sentaient le maître et en imposaient, à juste titre, à l'opinion.

Houbraken, qui a fixé en 1718 une tradition encore vivante, résume ainsi cette faveur éclatante : « Ses œuvres étaient si recherchées que les amateurs devaient parfois attendre longtemps leur tour et que, selon le proverbe, *il fallait non seulement le payer, mais le supplier.* »

SASKIA. ANNÉES DE DÉTENTE. *Il y avait pourtant une jeune blonde qui ne devait guère attendre son tour, puisqu'en la seule année 1632 nous

voyons apparaître ses traits à trois reprises dans l'œuvre du peintre.

Nous l'avons déjà entrevue chez son cousin, Hendrijck van Uylenborch. Saskia van Uylenborch, qui avait vingt ans en 1632, était orpheline de père et de mère. Son père, juriste et bourgmestre de Leeuwarden, en Frise, lui avait laissé une assez large aisance. Dans cette famille patricienne, il n'y avait certainement pas de prévention contre les artistes ; sans parler de son cousin Hendrijck, Saskia avait pour beau-père Wybrandt de Geest, portraitiste estimable. Elle pouvait donc accueillir de très bon œil les assiduités d'un jeune peintre fort bien en cour et dont le renom s'étendait avec des allures de triomphe.

La légende controversée d'un dessin, daté du 8 juin 1633, nous apprend qu'à ce moment les jeunes gens étaient fiancés, sinon plus, depuis trois jours. La cérémonie du mariage eut lieu seulement le 22 juin 1634. Saskia était accompagnée par son parent, le pasteur

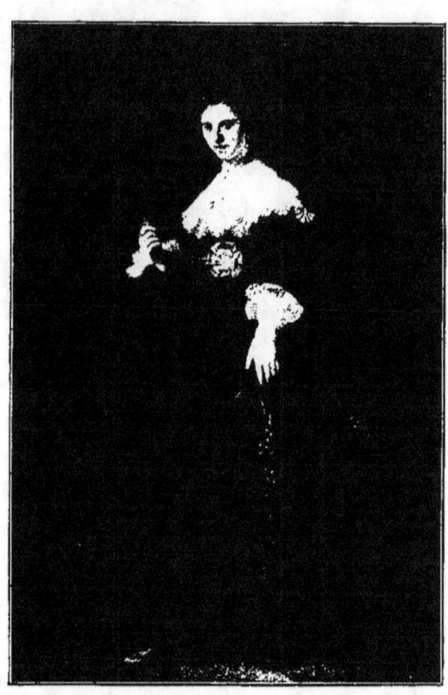

PORTRAIT DE MACHTELD VAN DOORN (Peinture, 1634, même collection). *Plus jeune d'un an que Marten Daey, elle l'avait épousé en 1629 et l'avait suivi au Brésil.* (Cl. Braun.)

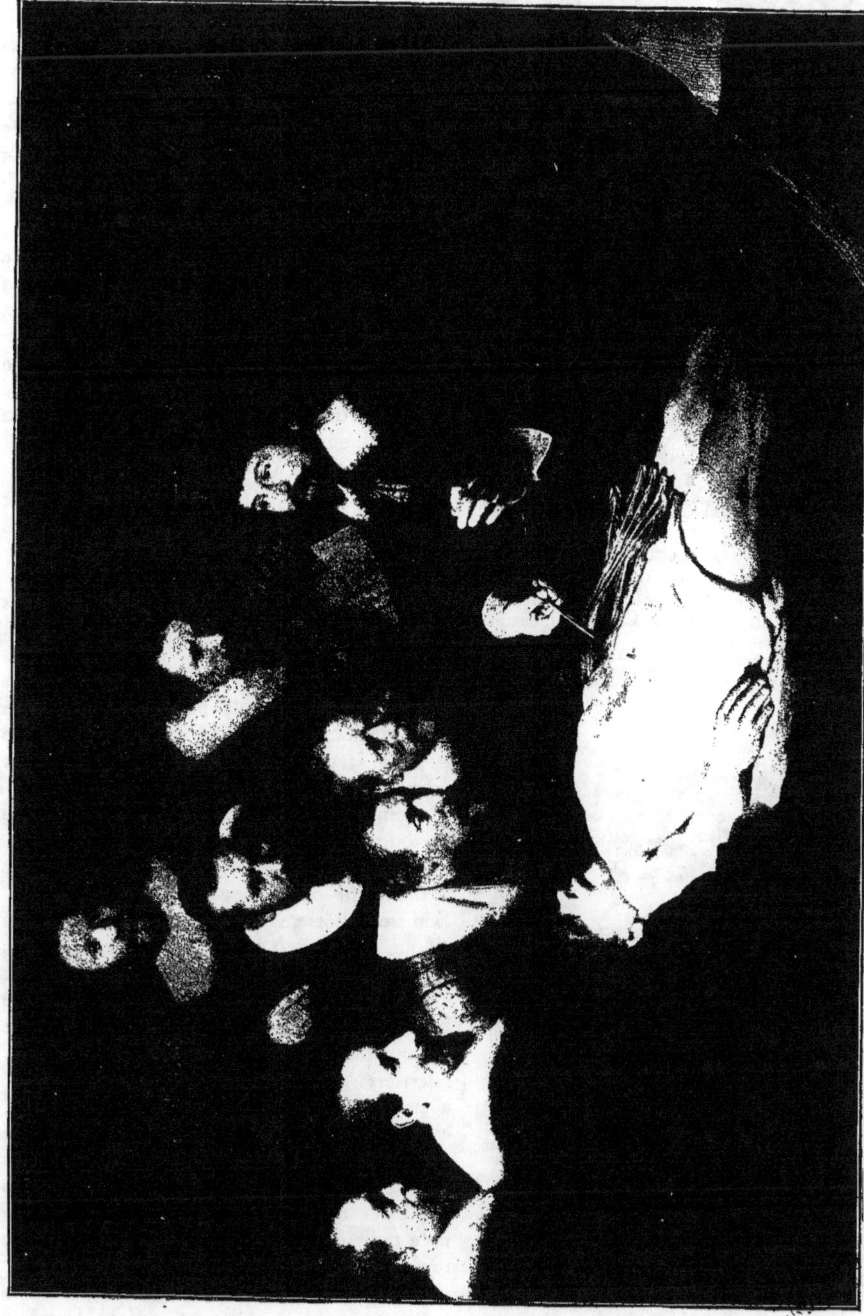

LA LEÇON D'ANATOMIE DU PROFESSEUR TULP (Peinture, 1632). ∅ Œuvre capitale de la jeunesse de l'artiste. Elle a été longtemps vantée pour sa perfection un peu studieuse. On l'écrase aujourd'hui sous les œuvres plus hardies et plus libres de la maturité. (Musée de La Haye.) (Cl. Hanfstaengl.)

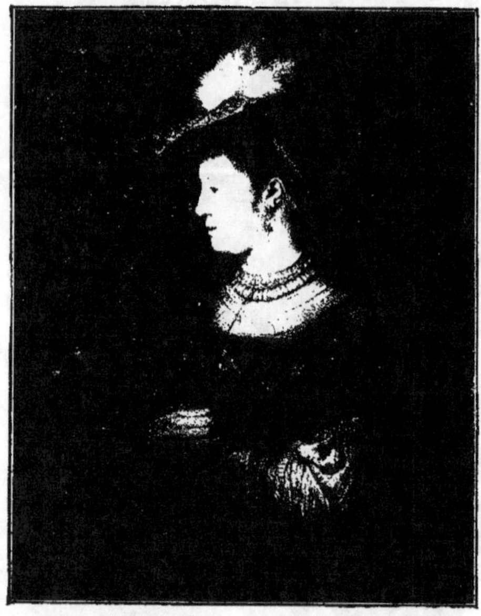

SASKIA COIFFÉE D'UN CHAPEAU ROUGE (Peinture, vers 1633).
◙ *Après avoir longtemps conservé ce souvenir de l'époque des fiançailles, Rembrandt dut le céder à Jan Six quand vinrent les jours difficiles.* (Musée de Cassel.) (Cl. Braun.)

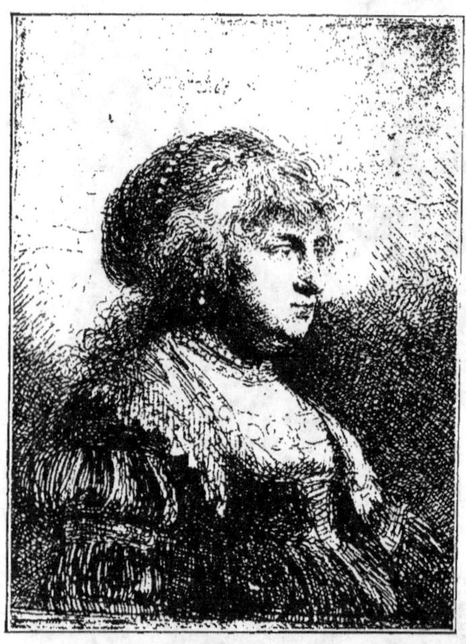

LA JEUNE FEMME DE REMBRANDT COIFFÉE EN CHEVEUX
(Eau-forte, 1634). ◙ *C'est l'année du mariage. L'artiste ne perd pas une occasion de peindre ou de graver le visage insignifiant de Saskia.* (Bibl. Nat.) (Cl. Hachette.)

Jan Cornelis Sylvius. La mère de Rembrandt, veuve depuis quatre années, avait envoyé de Leyde son consentement.

Dès lors, Saskia a la destinée de tous les proches de l'artiste : ses portraits, peints, gravés ou dessinés, se multiplient sans relâche. Pas toujours concordants, car Rembrandt se permet bien des libertés et octroie à son modèle, suivant sa fantaisie, des cheveux bruns ou roux, des yeux marrons ou bleus. Mais une image revient trop souvent pour n'être pas véridique : c'est celle d'une jeune personne, courte de taille, la tête près des épaules, le ventre un peu saillant, les cheveux blonds décolorés et puérilement frisottés, le nez rond dans un visage un peu bouffi aux yeux inexpressifs. On doit avouer que Saskia n'était pas une beauté et il faut bien que son âme n'ait pas eu un parfum bien pénétrant, puisque Rembrandt n'a jamais réussi à nous le rendre sensible.

Mais elle était la jeunesse et sa chair rayonnait de fraîcheur. Elle se prêtait au culte fervent dont l'entourait le fils du meunier, toujours prêt à la parer de somptueux vêtements, à l'orner de joyaux d'or et de pierreries. Les chaînes, broches, agrafes, colliers de perles, bracelets d'émail, pendants d'oreilles en diamant dont nous la voyons couverte ne sont pas seulement l'œuvre d'un pinceau inventif : ils s'accumulaient bel et bien dans les coffrets de la jeune femme et quelques pierres étaient même d'un poids fort respectable.

Témoignages plus éloquents encore de cette période de détente, de joie et de prodigalité, les portraits de Rembrandt par lui-même nous le montrent d'une élégance assez fringante. Son front bosselé s'abrite sous des toques de velours, des bérets cavaliers, de larges feutres mouvementés à plumes provocantes. Sur la chemisette finement plissée ou sur le col de fourrures, pendent de lourdes chaînes d'or ; parfois même, il arbore des déguisements guerriers ; casque brillant dans l'ombre, toque à aigrette, hausse-col d'acier, large baudrier, casaque à brandebourgs. Le visage est modelé avec vigueur ; la chevelure frémit ; la petite moustache est fièrement relevée au-dessus des lèvres charnues ; la mouche met sa petite note railleuse sur le menton bien détaché ; le regard est ardent et dominateur.

Quand les deux jeunes époux sont représentés ensemble, ce n'est pas dans l'intimité du foyer, dans le travail ou la méditation en commun, dans les joies de la famille que nous les surprenons, mais dans les apprêts d'une fête, faisant scintiller devant le miroir les feux de tous leurs bijoux. Une fois même, nous assistons au festin qu'ils se sont offerts pour eux seuls : la jeune femme s'est parée de ses plus riches atours et Rembrandt rit de toutes ses dents sous un couvre-chef terriblement empanaché, tandis qu'une encombrante rapière pend à son côté ; un paon préside sur un plat d'argent ; le vin blanc brille dans une flûte de cristal d'un format pantagruélique.

Sans vouloir appliquer à toutes ses journées le témoignage de ces quelques toiles, on peut bien constater que Rembrandt prend alors assez fougueusement sa revanche de ces années studieuses pendant lesquelles il s'était refusé, au dire de Huygens, « tous les plaisirs de son âge. » Et il s'y prend avec quelque ostentation, à en juger par les commérages des amis et connaissances. Deux compatriotes de Saskia, le docteur Albertus van Loo et sa sœur Mayke auraient affirmé à haute voix, le 5 juillet 1637, que Rembrandt avait dissipé "avec faste et éclat" la dot de sa jeune femme. Le peintre, qui ne fut jamais très endurant et qui montra assez souvent du goût pour les procès, attaqua en diffamation les deux bavards devant la cour de Frise et le docteur ne s'en tira qu'en niant le propos incriminé. Mais il est probable que Rembrandt se fût moins piqué du reproche s'il s'en était senti tout à fait innocent.

REMBRANDT COLLECTIONNEUR.

ø ø A son faible pour les bijoux et les parures, dont il se défendait d'autant moins qu'il leur devait la joie de réveiller parfois l'œil un peu éteint de Saskia, il joignait une passion non moins dispendieuse pour les œuvres d'art. Curiosité professionnelle bientôt doublée d'une véritable manie, à laquelle Rembrandt se livre avec sa fougue accoutumée.

Dès 1635, fréquentes sont les mentions d'acquisitions faites par l'artiste dans les ventes publiques, et les prix qui nous ont été conservés semblent assez élevés. Dès que les objets mis à prix, raconte en effet Baldinucci, semblaient à Rembrandt d'un réel mérite, il faisait d'emblée une enchère si élevée qu'il imposait silence à tout autre acquéreur. A ceux qui s'étonnaient du procédé, il répondait qu'il entendait ainsi relever sa profession.

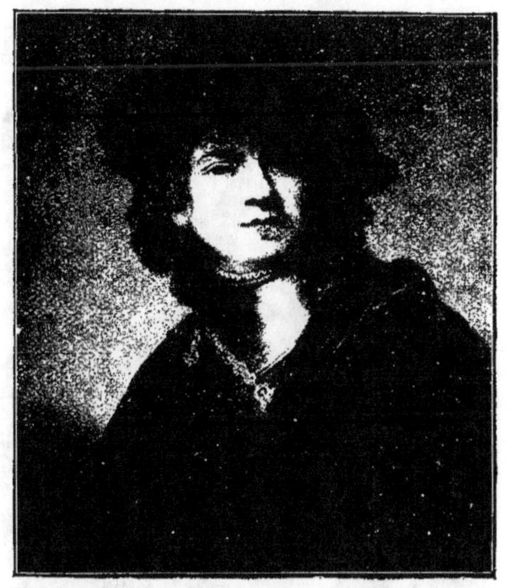

REMBRANDT AU MANTEAU DE VELOURS RETENU PAR UNE CHAINE D'OR (Peinture, vers 1633). *ø La physionomie est encore remplie de grâce juvénile, mais c'est celle d'un conquérant. (Palais Pitti, à Florence.) (Cl. Alinari.)*

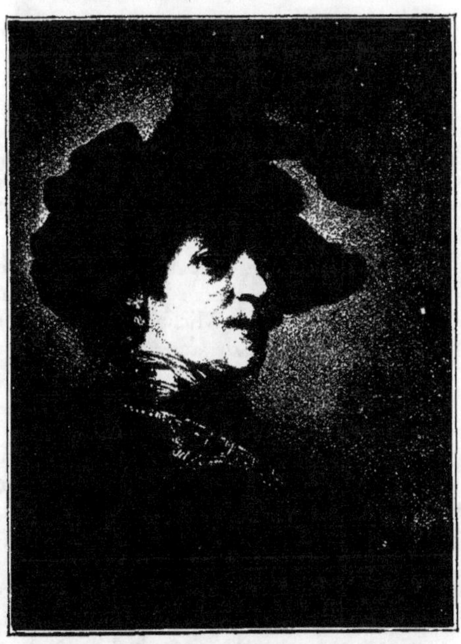

REMBRANDT AVEC UNE TOQUE A PLUMES ET UN BAUDRIER (Peinture, vers 1635). *ø Le visage est devenu viril. L'artiste aime l'encadrer d'accoutrements pittoresques et somptueux. (Musée de La Haye.) (Cl. Braun.)*

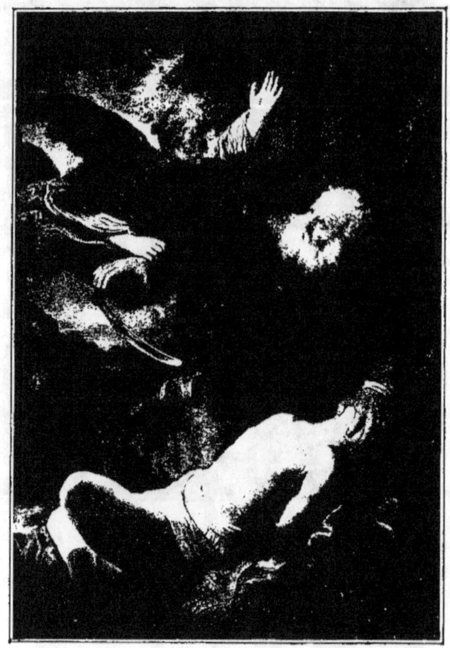

LE SACRIFICE D'ABRAHAM (Peinture, 1635). ∅ *L'Écriture lui offre une série de drames profondément humains. Il les met en scène avec un surprenant mélange de brutalité et de tendresse.* (Musée de l'Ermitage.) (Cl. Braun.)

Ses choix montrent plus d'éclectisme qu'on ne pourrait s'y attendre. S'il a dédaigné d'aller étudier chez eux les Italiens, il n'a jamais perdu une occasion de s'entourer de leurs œuvres, sous forme de peintures, dessins et surtout estampes de choix : Mantegna, Palma le Vieux, Raphaël, Michel-Ange, Titien, Giorgione, Polydore de Caravage, le Bassan, le Carrache ont pris place, à des dates diverses, dans ses cartons ou sur ses murs.

Mais il semble avoir montré une tendresse particulière pour quelques peintres et graveurs du Nord, comme Van Eyck, Schongauer, Dürer, Golzius, Callot, Brouwer. Il offrit un jour 1000 florins pour un Holbein. De son grand rival des Flandres, Rubens, il a acquis en 1637 une toile, *Héro et Léandre*, pour 425 florins. Au premier rang de ses préférés, il faut citer son compatriote Lucas de Leyde, dont le réalisme est aussi inexorable que celui de Dürer, dont le burin égale souvent en précision celui du maître allemand et qui l'emporte parfois par une vision plus sensible et par un

séns plus délicat de la lumière. En 1637, Rembrandt poussa un album de ses gravures jusqu'à près de 640 florins. Johann Ulrich Mayr affirme lui avoir vu payer 1400 florins pour 14 pièces de choix du même maître.

Son engouement s'étend aussi aux sculptures et, comme on dit aujourd'hui, à tous les objets de curiosité. Sauf les livres, dont il ne s'est guère soucié, il entasse chez lui, au cours des années, les merveilles les plus hétéroclites : une foule de statuettes et de fragments antiques ou d'après l'antique, un Laocoon, un Amour, des dieux et des déesses, une série de bustes d'empereurs romains, une quantité considérable de moulages sur nature, une tête de nègre « qu'il prisait fort haut », un lion et un taureau modelés d'après le vif, un masque mortuaire de Maurice d'Orange, un Manneken-Pis, un bois de lit sculpté et doré par l'illustre Verhulst. Puis des "raretés" de toutes sortes : une aiguière de marbre, des colonnettes, une mappemonde, des cannes de jonc, des éventails japonais, des médailles, des porcelaines de Chine, des miniatures persanes, des verres de Venise. Il recueille même des animaux empaillés et remplit plusieurs coffres de minéraux, de pierreries, de coquillages, de coraux. Voici

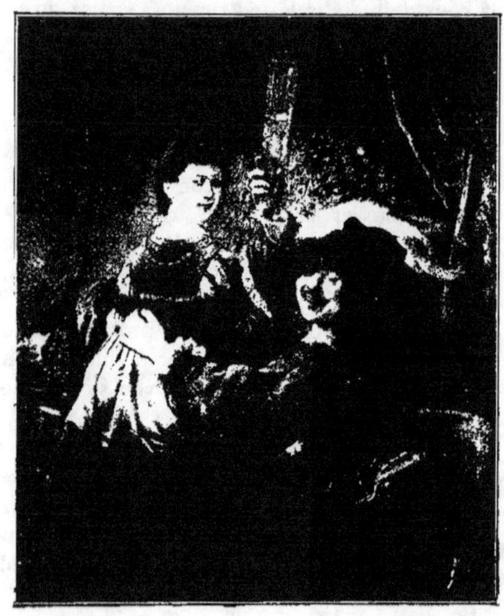

REMBRANDT ET SASKIA A TABLE (Peinture, vers 1635). ∅ *L'artiste prend sa revanche des années studieuses avec une fougue qui donne carrière aux propos envieux.* (Musée de Dresde.)

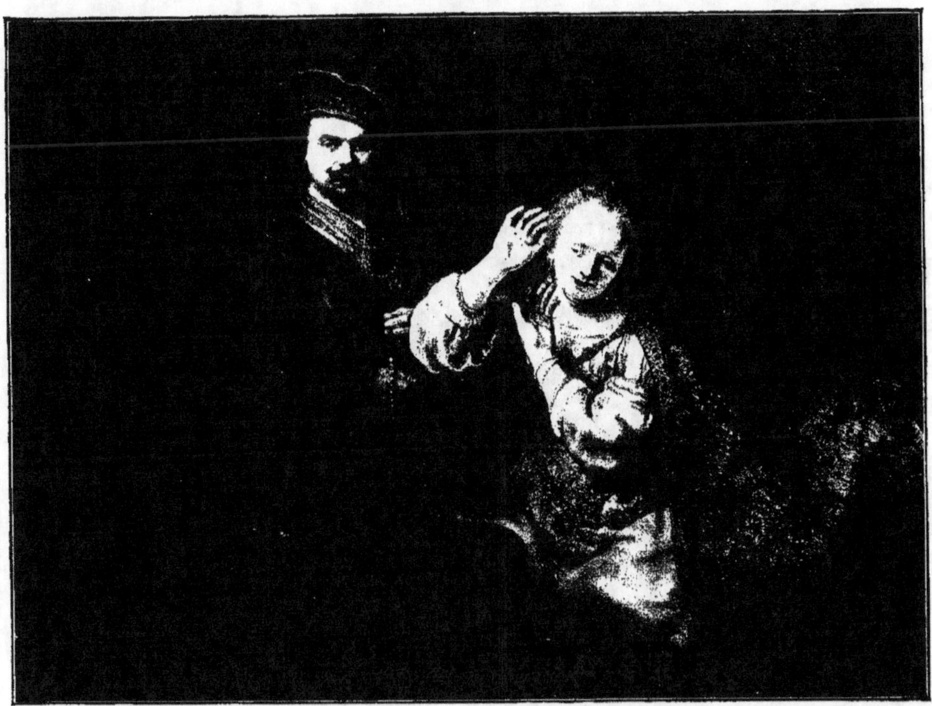

REMBRANDT ET SASKIA SE PRÉPARANT A SORTIR (Peinture, vers 1635). *Le bourgmestre Pancras, que l'on a voulu voir en cette toile, n'a pris femme que dix ans plus tard. Personne n'hésite aujourd'hui à reconnaître ici l'artiste et Saskia, quelque peu vaniteux de leurs beaux atours.* (Buckingham Palace.)

des instruments de musique, harpes, violons, trompettes, flûtes et tambours. Autour de ce hausse-col d'acier, qui a bien souvent figuré dans les portraits de sa jeunesse, se constitue bientôt un véritable musée d'armes : des casques, une armure complète, cinq cuirasses, cinq arbalètes, des carquois et des flèches, un nombre extraordinaire de vieux mousquets, hallebardes, épées, pistolets et même une pièce d'artillerie. Et enfin tout ce qui peut séduire un œil amoureux des couleurs chaudes, des patines cuites et recuites, tout ce qui peut mettre dans un tableau une note à la fois assourdie et somptueuse : des fourrures, des peaux de lion, des costumes orientaux, et jusqu'à des haillons, sordides pour le profane, mais où il savait découvrir le ton rare et les éléments d'une belle harmonie colorée.

LA MAISON DE REMBRANDT. * * Le logis du Quai-aux-Fleurs s'était montré bientôt insuffisant pour contenir les richesses de Rembrandt et abriter son ménage. Après avoir changé plusieurs fois de demeure, il se sentit mûr pour une installation plus stable et, en 1639, se rendit propriétaire de la maison qu'il devait occuper pendant près de vingt ans.

Elle était située à l'Est de la ville, à deux pas du Pont Saint-Antoine, dans la Grand-Rue des Juifs (Joden-Breestraat). L'immeuble était de bonne et récente construction. Les dévots de Rembrandt peuvent encore aujourd'hui lire le millésime de 1606 sur sa façade fort bien conservée, avec ses briques rouges à chaînages de pierre blanche. Au rez-de-chaussée, élevé de quelques marches au-dessus du sol, ainsi qu'au premier étage, les quatre fenêtres sur rue, de belles proportions, s'inscrivaient dans des arcs en plein cintre. Au-dessus du deuxième étage, un fronton sculpté couronnait assez noblement l'ensemble.

Le vente avait été conclue au prix, alors considérable, de 13 000 florins, sur lesquels

1 200 devaient être payés à la prise de possession, c'est-à-dire au 1er mai 1639 ; 850, à un an ; le surplus, en cinq ou six annuités, avec intérêts à 5 p. 100.

LES COMMANDES. ∅ ∅ Pour l'instant, Rembrandt pouvait envisager ces charges avec insouciance. Les amateurs affluaient, nous l'avons vu. Or ses tableaux se payaient couramment 100 florins et dépassaient parfois 500.

Un témoignage nous est particulièrement précieux, car il nous vient de Rembrandt lui-même. Par exception, sept lettres de lui sont parvenues jusqu'à nous. N'y cherchons pas des révélations intimes. Ce n'est pas dans le langage des mots que le peintre s'est livré à la postérité. Il s'agit de simples billets d'affaires, où ne manquent ni l'instruction, ni le savoir-vivre, ni même la déférence due aux puissants du jour ; l'homme et l'artiste ne s'y laissent entrevoir qu'en quelques traits bien fugitifs. Mais comme c'est presque notre seul autographe, nous n'en écourterons pas trop l'analyse.

Le destinataire est Constantin Huygens, qui, depuis sa visite à Leyde, était resté en relations avec l'artiste.

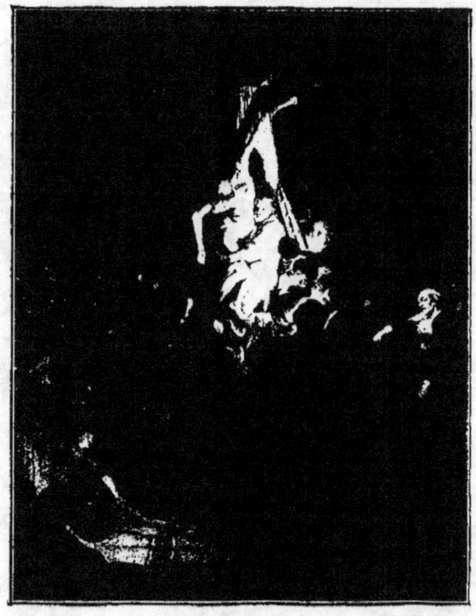

LA DESCENTE DE CROIX (Peinture, 1634). ∅ Rembrandt ne s'est dessaisi que sur le tard de cette vision tragique, où il a mis sa puissance d'émotion. (Musée de l'Ermitage.) (Cl. Braun.)

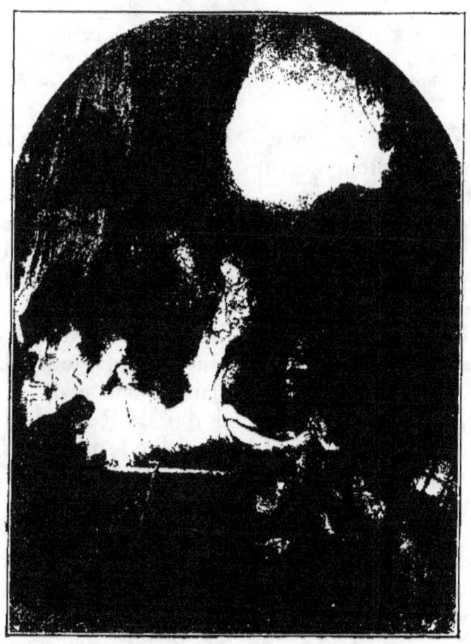

LA MISE AU TOMBEAU (Peinture, 1639.) ∅ C'est un des petits panneaux de la Passion que l'artiste fit attendre cinq ans au prince d'Orange. (Vieille Pinacothèque de Munich.) (Cl. Braun.)

Il lui avait fait peindre en 1632 le portrait de son frère Maurice ; en 1633, celui de son beau-frère, l'amiral Van Dorp. Il le fit choisir, vers la même année, par le stathouder Frédéric-Henri, pour exécuter une suite de petits tableaux sur la Passion.

En février 1636, deux d'entre eux seulement sont livrés. Rembrandt « travaille avec beaucoup de zèle à achever convenablement la Mise au Tombeau et la Résurrection » et il vient de terminer l'Ascension. Il en informe « son bienveillant monsieur Huygens » et le prie d'avoir la bonté d'en rendre compte à Son Excellence.

Quelques jours plus tard, il écrit encore pour se préoccuper de l'effet de son dernier tableau après sa mise en place, et inquiet aussi de son salaire, qu'il estime à 1 200 florins, en s'excusant de sa franchise.

Les deux compositions auxquelles Rembrandt se déclarait attelé restent encore trois ans sur le chevalet et c'est seulement le 12 janvier 1639 qu'il écrit : « Comme j'ai eu grand plaisir à bien faire les deux tableaux que Son Altesse m'a commandés, dont l'un était la Mise au Tombeau du corps du Christ et

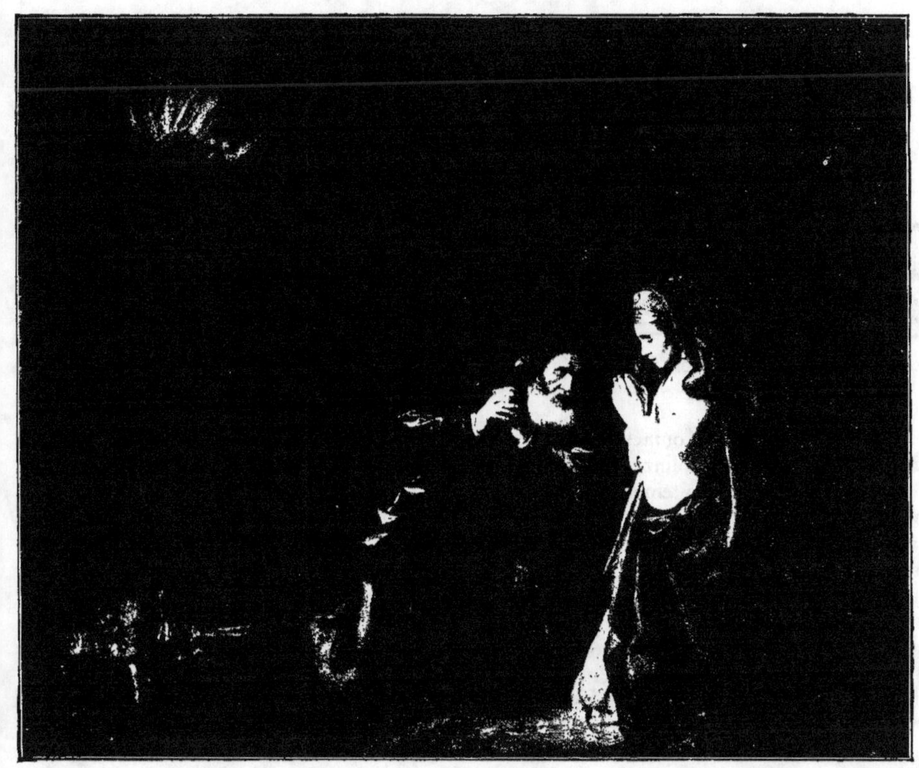

LE SACRIFICE DE MANUÉ (Peinture, 1641). *Grande composition, où apparaît la magistrale sobriété des œuvres de l'âge mûr. Le couple communie avec ferveur dans la prière. A gauche l'ange s'envole après avoir révélé à la femme de Manué sa fin prochaine. (Musée de Dresde.) (Cl. Braun.)*

l'autre la Résurrection du Christ au milieu des gardiens frappés d'épouvante, ces deux pièces sont maintenant achevées avec beaucoup d'étude et de zèle, de sorte que je suis disposé à les livrer pour faire plaisir à Son Altesse ; car c'est dans ces deux pièces que j'ai eu soin d'exprimer le plus de naturel et d'action, ce qui est aussi la principale raison que j'y ai été occupé si longtemps… »

C'est aussi la raison qui lui fait, quelques jours plus tard, demander 1 000 florins pour chacune des deux toiles. « Mais, ajoute-t-il, si Son Altesse pense qu'elles ne le méritent pas, elle donnera moins, comme bon lui semblera. Je m'en rapporte au discernement et à la décision de Son Altesse. Je me contenterai de cela avec gratitude, restant, avec mes salutations, son dévoué et affectionné serviteur. » Son Altesse estima chacun des deux tableaux à 600 florins, comme les précédents, et Rembrandt accepta, à condition que les cadres d'ébène et la caisse lui fussent remboursés. Il témoigna sa reconnaissance à Huygens en lui envoyant, malgré ses protestations, une toile de 10 pieds sur 8, avec la recommandation suivante : « Monsieur accrochera ce tableau sous un jour très fort et de manière qu'on puisse le regarder de loin. C'est ainsi qu'il fera le mieux. »

Il ne restait plus qu'à mettre d'accord les bureaux, en la personne du trésorier Volbergen et du receveur Uytenbogaert. C'est à quoi aboutirent les deux dernières lettres.

LES ÉLÈVES. *Tous ces succès avaient attiré chez l'artiste un grand nombre d'élèves, dont certains, comme Govaert Flinck, Ferdinand Bol, Van den

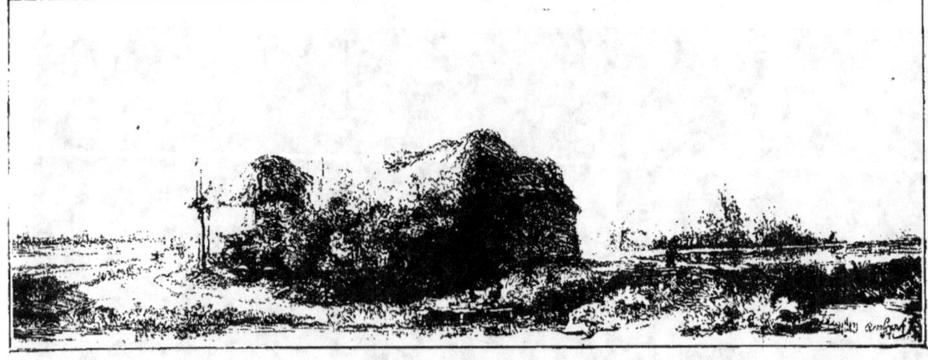

La Chaumière et la Grange a foin (Eau-forte, 1641). *Rembrandt récrée manifestement son cœur et ses yeux quand il grave d'une pointe aussi spirituelle ces paysages baignés de clarté. (Bibl. Nat.) (Cl. Hachette.)*

Eeckhout, Philip van Koninck, moins âgés que leur maître de dix ou quinze ans, devinrent d'excellents peintres, parfaitement instruits dans leur métier. Ils étaient logés au deuxième étage, isolés les uns des autres et protégés contre les distractions par des cloisons de toile ou de papier. Chacun d'eux payait environ cent florins par an. Ils besognaient en outre sous sa direction à des œuvres dont il tirait commercialement parti. Sandrart évalue à 2 000 ou 2 500 florins par an le revenu de cette collaboration. C'est évidemment fort peu auprès du bénéfice qu'en tirent encore experts et marchands en négligeant de dire que la signature du maître ne représente parfois qu'une raison sociale.

Cette collaboration, qui est alors conforme à tous les usages corporatifs, s'exerce aussi dans les gravures, qui continuent à sortir en assez grand nombre de l'atelier de Rembrandt, revêtues de son monogramme. Il avait manié la pointe dès sa jeunesse et gravé à l'eau forte des croquis qui, du premier coup, dépassaient par la fantaisie, la liberté du trait,

comme par l'intelligence et l'acuité de la vision tout ce que les professionnels avaient fait avant lui. Dans les premières années de son séjour à Amsterdam, il continua à confier au cuivre de rapides dessins, portraits intimes, paysages, scènes religieuses, d'une spontanéité et d'une décision incomparables. Mais il griffonne alors, disait-on, par simple passe-temps et il ne semble pas avoir encore deviné le parti extraordinaire qu'il devait tirer bientôt de cet art subtil.

Le concours que lui avaient fourni à Leyde son ancien ami Lievens et leurs élèves Gérard Dou et Van Vliet, il le sollicite à Amsterdam de ses nouveaux disciples. Tels d'entre eux, comme Jacob Backer, Govaert Flinck et surtout Ferdinand Bol ont si bien reçu son empreinte qu'il a fallu plus de deux siècles pour s'apercevoir que dans telle estampe célèbre de cette période, Rembrandt est seulement l'inspirateur et que la plupart des travaux ne sont pas de sa main.

Seul ou avec l'aide de ses élèves, comme peintre ou comme graveur, Rembrandt faisait donc d'assez belles affaires. L'on a évalué

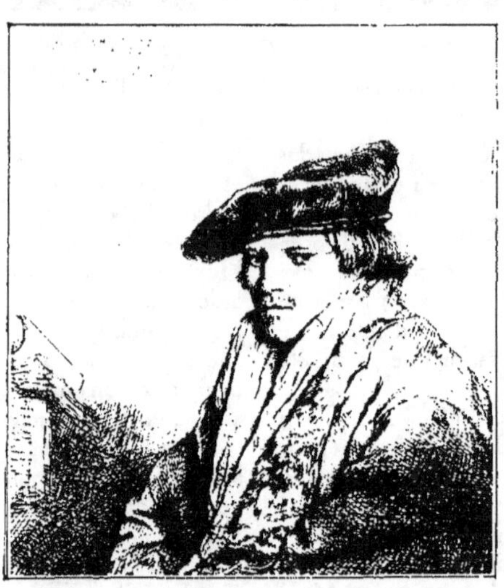

Jeune homme assis réfléchissant (Eau-forte, 1637). *Sans doute un de ses élèves. La planche est d'un travail délicatement nuancé, malgré sa simplicité apparente.* (Bibl. Nat.) (Cl. Hachette.)

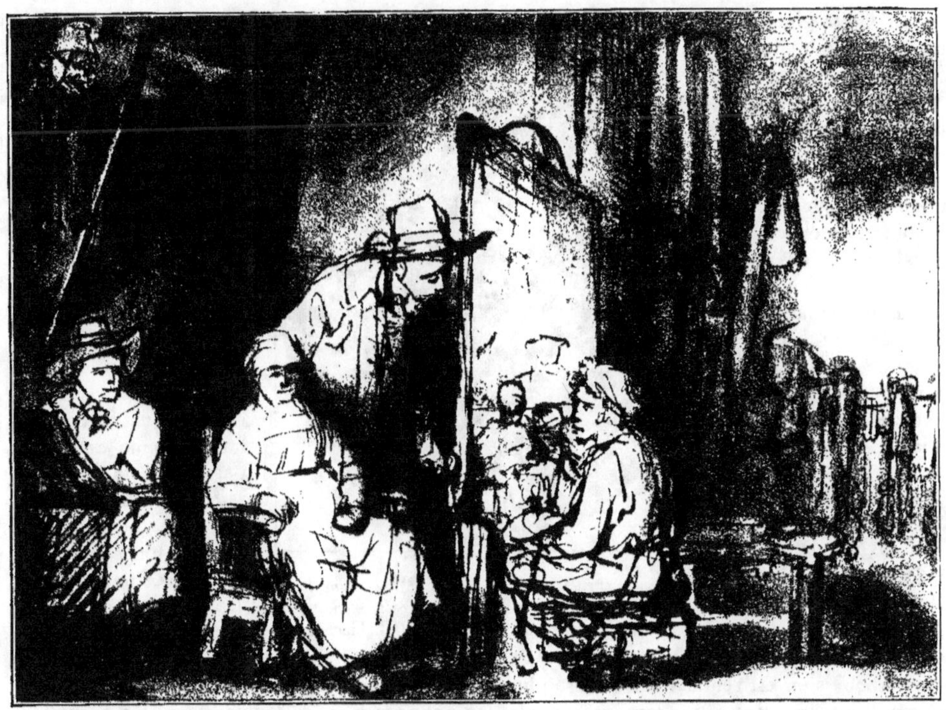

L'Atelier de Rembrandt (Dessin à la plume rehaussé de lavis). ⌀ *L'étage supérieur de la maison de la Breestraat était réservé aux élèves. Des cloisons mobiles y ménageaient des loges séparées.* (Musée du Louvre.) (Cl. Hachette.)

à 12 000 ou 15 000 florins son revenu annuel, ce qui représenterait aujourd'hui plusieurs centaines de mille francs et lui donnait quelque droit à la prodigalité.

Ceci dit, hâtons-nous d'ajouter que rien ne nous autorise à le croire uniquement occupé à étendre sa clientèle, et jouir de ses profits.

En juin 1634, il fut sollicité de mettre son mot dans l'album de Burchard Grossmann, de Weimar, grand amateur d'autographes ; et ce jeune homme de vingt-huit ans, qui n'était pas un hypocrite, écrivit en regard d'un croquis rapide, cette profession de foi : « Un cœur pieux place l'honneur avant le bien. »

Et en effet s'il a cédé quelquefois à la tentation du succès, pendant les premières années de son mariage, si certaines de ses toiles sentent alors quelque peu la commande, jamais ne s'est interrompue la série de ses œuvres faites pour *l'honneur,* c'est-à-dire pour se satisfaire soi-même. Ne s'offrait-il pas une fête plus chère à son cœur que les banquets carnavalesques quand il peignait — pour ne citer qu'un

exemple — les deux *Philosophes,* du Louvre, ces orgies de solitude et de méditation ?

NOUVELLES CONQUÊTES : LE CLAIR-OBSCUR. ⌀ ⌀ En même temps que son style s'élargit, que sa composition se concentre, que ses sujets deviennent moins narratifs, que sa facture est de jour en jour plus hardie et plus virile, s'affirme la conception, si particulière à Rembrandt, de la lumière. Au milieu d'une obscurité transparente, une source de clarté, chaude comme la lumière du soleil, étrange comme celle d'un flambeau au milieu des ténèbres, vient d'on ne sait où, imprègne les objets, colore l'atmosphère et la rend visible autour des corps, dont elle mange les contours incertains ; elle se concentre avec force sur les points intéressants, auréolés d'ombres concentriques. C'est le *clair-obscur* rembranesque, qui n'est certes pas sans antécédents dans l'histoire de la peinture, mais dont il lui était réservé de tirer des effets inouïs et de faire presque un art spécial. C'est grâce à lui que Rembrandt réalise ce tour de force d'habiller de rêve et de magie des scènes conçues avec la plus humble et la plus familière simplicité. C'est lui qui fait de chacune de ses compositions une harmonie qui pourrait s'intituler, comme une page de vers ou de musique : Rêverie, Intimité, Agitation, Mystère, Désespoir, Pitié.

REMBRANDT A TRENTE ANS. « LA RONDE DE NUIT ».

L'homme qui a créé cette langue merveilleuse et qui s'en est rendu maître n'est plus le faraud un instant entrevu. Dans les portraits qu'il nous donne de lui-même, la trentaine passée, les parades ont fait leur temps. L'élégance est sobre et cossue ; du velours noir ou de la fourrure pour faire ressortir les chairs ; un peu de linge pour leur donner du ton ; quelques lueurs d'or pour faire chanter les ombres. Dans la bouche tressaille parfois un éclair d'impatience ; mais le visage est, au total, calme, posé ; le regard assuré, grave et même sévère, est d'un homme dont la religion est désormais fixée et qui connaît pleinement ce qu'il vaut et ce qu'il veut.

On le vit bien, quand l'occasion se présenta de peindre

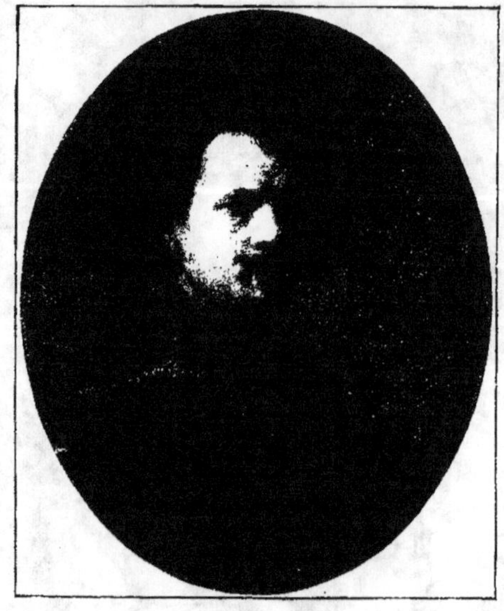

REMBRANDT TÊTE NUE (Peinture, 1633). ⌀ *Une lourde chaîne d'or souligne d'une note de richesse cette effigie ardente et tourmentée.* (Musée du Louvre.) (Cl. Hachette.)

LA SAINTE FAMILLE OU LE MÉNAGE DU MENUISIER (Petit panneau peint, 1640). ⌀ *Scène d'intimité, blonde et exquise, caressée par un tiède rayon de soleil.* (Musée du Louvre.) (Cl. Hachette.)

une toile bien plus importante par ses dimensions que *la Leçon a'Anatomie* et qui est restée un des pôles de la carrière de Rembrandt, la fameuse *Ronde de Nuit*.

C'était alors l'usage, pour les gardes civiques de se rendre tous les ans au Doelen pour le concours de tir. Un banquet suivait la proclamation des prix. Les gardes, qui se recrutaient, comme on sait, parmi les notables, faisaient peindre sur les murs du Doelen de grandes toiles en souvenir de cette journée. Le capitaine, le lieutenant et le porte-enseigne de la compagnie, ainsi que le roi du tir, occupaient la place d'honneur dans ces compositions, qui se multipliaient depuis plus d'un siècle dans les principales villes des Pays-Bas et qui avaient fourni à Franz Hals, à Ravesteyn et à maint autre l'occasion de succès éclatants.

C'est sans doute en 1641 que Rembrandt reçut une commande semblable du capitaine Franz Banning Cock, seigneur de Purmerland, homme considérable d'Amsterdam par sa situation, sa fortune et ses alliances.

La toile, de près de 4 mètres sur 5, fut livrée en juin 1642 et accrochée au Doelen. Transportée à l'Hôtel de Ville en 1715 et sensiblement rognée à cette occasion, elle y resta jus-

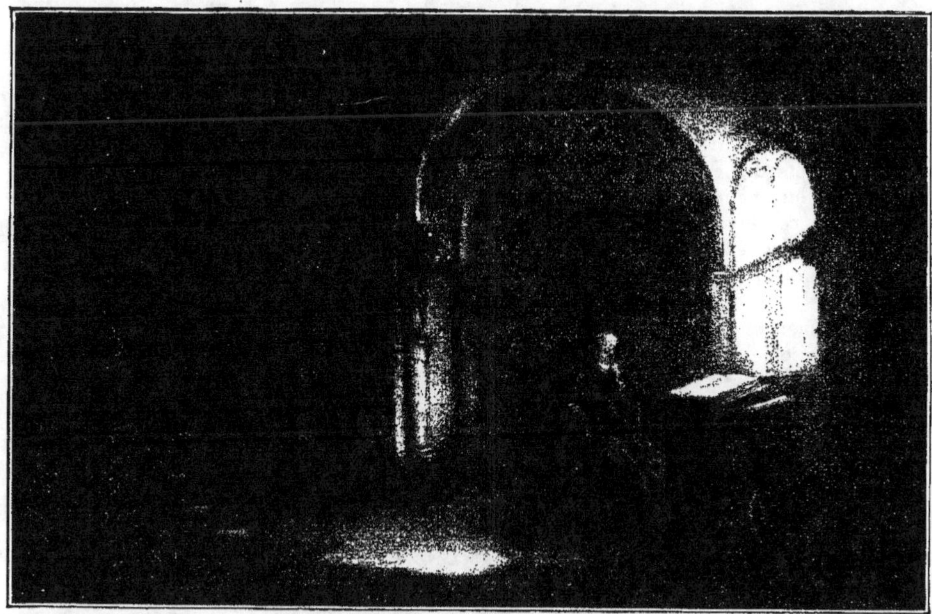

Le Philosophe au livre ouvert (Peinture, vers 1633). ∅ *Cette petite composition et la variante qui lui fait suite, sont, depuis Louis XVI, l'orgueil de nos collections ; c'est un solitaire qui les a peintes, pour la délectation de tous les amis de la solitude.* (Musée du Louvre.) (Cl. Hachette.)

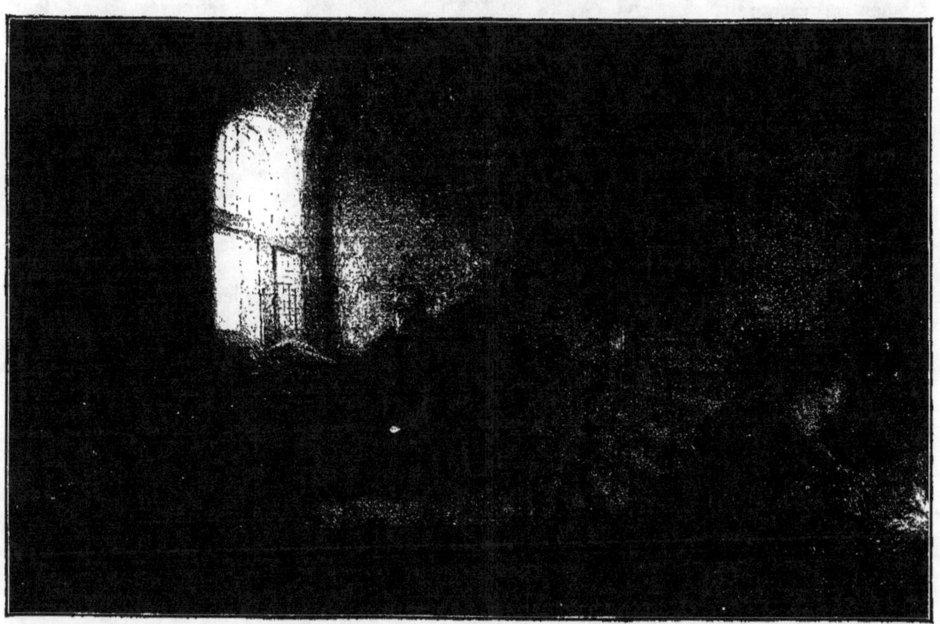

Le Philosophe en méditation (Peinture, 1633). ∅ *Le recueillement, la pensée intérieure et l'harmonie même du silence n'ont jamais été exprimés comme dans ces deux petits chefs-d'œuvre.* (Musée du Louvre.) (Cl. Hachette.)

qu'en 1885, exposée à la fumée des poêles de tourbe, qui l'enveloppèrent peu à peu de ténèbres et lui valurent le surnom énigmatique que l'usage a consacré. Elle a eu beau, depuis son entrée au Rijksmuseum d'Amsterdam, bénéficier d'opportuns nettoyages, d'emplacements dignes d'elle et d'éclairages savants, qui lui ont rendu autant de fraicheur que peut en conserver une peinture après de telles vicissitudes, elle restera toujours *la Ronde de Nuit.*

Mais l'énigme est pleinement résolue depuis qu'on a trouvé, dans l'album de famille du capitaine Banning Cock une reproduction fidèle de la grande toile, soulignée par cette légende fort précise : « *le jeune seigneur de Purmerland donne à son lieutenant, le sieur de Vlaerdingen, l'ordre de faire marcher sa troupe.* » Le moment représenté est, en effet, celui où, le soleil étant assez haut sur l'horizon, la compagnie s'assemble au son du tambour autour de ses chefs.

C'est évidemment Rembrandt qui a ainsi conçu le sujet. Cela le libérait des alignements bien sages, des juxtapositions de portraits, ou même des réunions banales autour d'une table de banquet. C'était mieux qu'une commande ; c'était un beau thème de peintre, nous voulons dire d'un peintre complet, comme il l'est, et pour qui la donnée est toujours à la fois plastique et émotive.

Quelle belle occasion pour jouer de son clair obscur. Chez les comparses, des lignes qui se heurtent, des taches qui surgissent dans une atmosphère de pénombre. Au centre, dominant ce tumulte et cette confusion, deux chefs pleins d'une tranquille autorité. C'est un accord puissant et calme plaqué sur un accompagnement à la fois sourd et heurté, comme un grondement lointain d'orage.

REMBRANDT COIFFÉ D'UNE TOQUE, SUR UN FOND D'ARCHITECTURE (Peinture, 1637). ⌀ *L'élégance est devenue presque sévère. L'attitude est d'une noblesse qui tient le spectateur à distance.* (Musée du Louvre.) (Cl. Braun.)

Et quelle belle occasion aussi pour faire chanter la couleur ! Le nom de Rembrandt évoque des harmonies monochromes, en brun et en roux, qui semblent à certains la négation même de la couleur. Fromentin lui-même, qui a si bien parlé de Rembrandt, se demande, devant *la Ronde de Nuit,* si Rembrandt est un véritable coloriste. Mais, au temps de Fromentin, la fumée obscurcissait cet admirable bleu-turquoise, qui a reparu aux franges de la hallebarde, ces verts splendides du tambour, rappelés par des verts plus pâles dans le manteau de la fillette et le pourpoint du porte-manteau, sans parler de tant d'autres taches qui vibrent ça et là, tandis qu'un ruissellement incomparable d'or et d'argent baigne les cuirasses, les bijoux, les étoffes, les écharpes, les broderies. Et surtout, nous avons retrouvé, dans leur sonorité exquise et puissante ce pourpoint noir du capitaine, cette collerette blanche du lieutenant, qui par un tour de force sans égal, attirent invinciblement le regard et prennent le dessus sur les tons les plus vifs de la palette.

Parmi les coloristes les plus réputés, il y en a bien peu qui aient à leur actif semblable régal. Accordons seulement ceci à Fromentin que la couleur n'est pas la préoccupation dominante de Rembrandt et qu'elle est toujours nettement subordonnée par lui à l'effet lumineux, si bien qu'une œuvre de Rembrandt survit plus qu'à moitié dans une reproduction en blanc et noir. Mais, pour avoir préféré l'harmonie et pour avoir été doué du sens le plus magistral des « valeurs » qu'aucun artiste ait possédé, Rembrandt n'en reste pas moins un des rois de la couleur.

Quoiqu'un peu décousue et sentant par endroits l'improvisation, la nouvelle œuvre

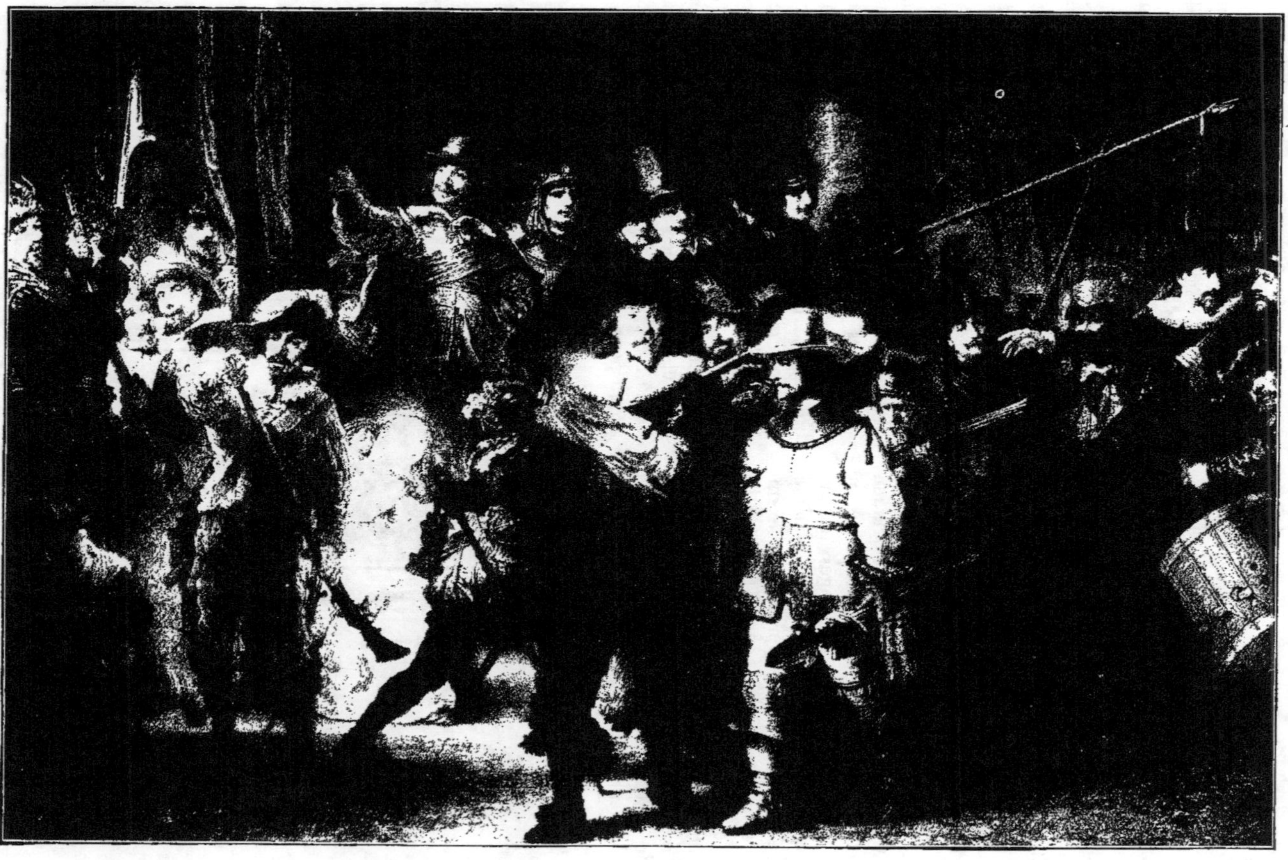

La Ronde de Nuit (Peinture, 1642). ◁ *Avant d'être légèrement rognée, cette toile célèbre mesurait 4 mètres sur 5. La fumée des poêles de tourbe l'avait rendue inintelligible. Malgré son surnom consacré, elle représente en réalité une compagnie d'arquebusiers se rendant (en plein jour) au concours de tir. Une fillette porte à la ceinture le coq, récompense du vainqueur.* (Musée d'Amsterdam.) (Cl. Hanfstaengl.)

avait bien des raisons de surprendre et d'émer-
veiller les artistes. Parmi les dévots du maître,
la Ronde de Nuit fit une sensation profonde.
Trente ans plus tard, un de ses élèves, Samuel
van Hoogstraten en parle encore avec enthousiasme, la met au-dessus de toutes ses rivales,
qu'elle surpasse, dit-il, par sa conception pittoresque, son arrangement original et sa puissance : « Auprès d'elle tous les autres tableaux
ressemblent aux images d'un jeu de cartes ».

Mais les intéressés durent être moins satisfaits. Ils étaient seize, qui avaient payé chacun
cent florins pour être représentés en belle pos-
ture. Or, sauf le capitaine et le lieutenant,
qui avaient été royalement servis, les autres
furent promptement expédiés. C'est à peine si
deux ou trois personnages sont réellement des
portraits. Le reste est un pêle-mêle de figurants
et ils eurent de bonnes raisons de ne pas se
reconnaître : si la plupart des visages ressemblent à quelqu'un, c'est à Rembrandt lui-même,
dont il est aisé de retrouver jusqu'à six exemplaires les traits familiers. Les portraitistes les
plus notoires n'avaient pas habitué les Hollandais à un pareil sans gêne.

En même temps qu'un moment très impor-
tant de l'évolution artistique de Rembrandt,
c'est donc une date dans sa vie : celle où il
cesse de donner à son public ce que celui-ci
attend de lui.

MORT DE SASKIA. ⌀ ⌀ Nous
touchons aussi à la fin d'un chapitre
de sa vie privée. On se souvient que
le père de Rembrandt était mort en 1630. La
vieille maman disparut dix ans plus tard. Au
partage de la succession, qui occupa les derniers mois de 1640, Rembrandt eut pour sa
part une rente de 330 florins ; il abandonna à
ses deux frères aînés et à sa sœur Lisbeth les
maisons et les terrains de la Weddesteeg,
le moulin de la Porte Blanche et le jardin des
bords du Rhin. Il a donc désormais rompu
toute attache avec sa ville natale.

Les deuils se multiplient à ce moment autour
de lui. Des quatre enfants que lui donna
Saskia, les trois premiers moururent en bas
âge. Seul, le petit Titus, baptisé en septembre 1641, restait l'espoir du ménage. Mais
la jeune mère elle-même était condamnée.
Le 5 juin 1642, elle dictait ses dernières
volontés à Maître Pieter Barchman, notaire
à Amsterdam. Elle mourut neuf jours plus
tard et fut inhumée à la Vieille-Eglise, la
Oude Kerk, dans le caveau que Rembrandt
acquit pour elle sous le petit orgue.

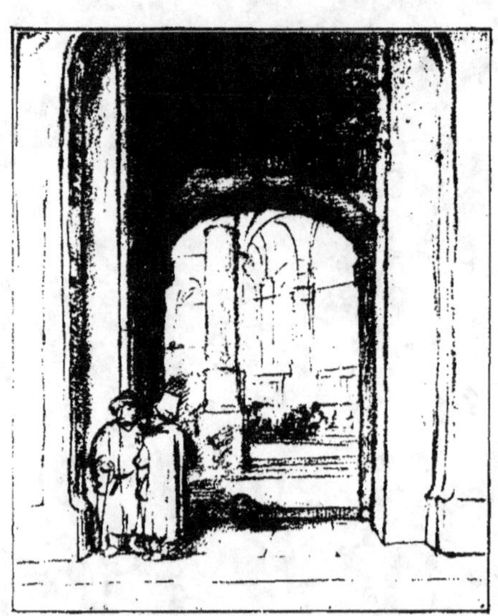

Intérieur d'Église (Dessin à la plume, rehaussé de
sépia). (Bibliothèque Albertine, à Vienne.)

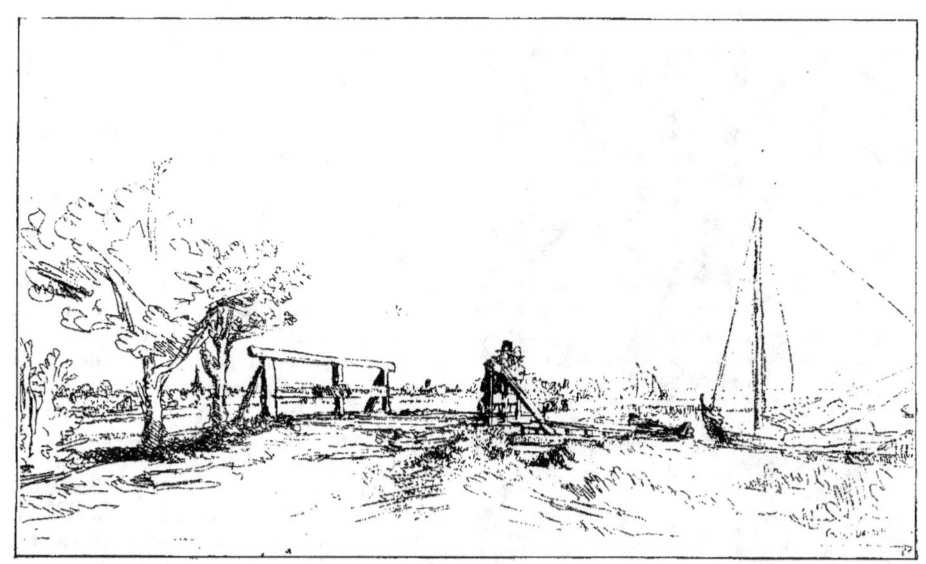

Le Pont de Six (Eau-forte, 1645). ⌀ *Le déjeuner était servi dans la maison de campagne de Jan Six. Le temps d'attendre la moutarde oubliée et la planche fut gravée... C'est du moins ce qu'on raconte pour expliquer l'incomparable brio de ce croquis.* (Bibl. Nat.) (Cl. Hachette.)

CHAPITRE III

LA BANQUEROUTE

PREMIÈRES DÉFECTIONS. ⌀ ⌀ Nous voici parvenus au seuil d'un des plus émouvants problèmes que nous ait laissés la biographie des grands artistes. Au moment même où, par un nouvel essor, le génie de Rembrandt va atteindre aux cimes, sa gloire pâlit et sa fortune s'effondre en une série de catastrophes. La tradition, toujours simpliste, a présenté cette défaveur comme un brusque coup de théâtre. Mais, même ramenée par le contrôle des faits à une marche moins subite, elle reste encore assez rapide pour nous surprendre.

Les élèves sont encore nombreux autour de lui, venus de toute la Hollande et même d'Allemagne et de Danemark. Sur une trentaine de noms qui nous sont conservés, on relève celui d'un honorable peintre, Carel Fabritius et même celui d'un véritable maître, Nicolas Maas. Parmi ces jeunes gens, plus d'un continuera à parler du patron avec vénération, outrant sa manière et imitant, tel

Aert de Gelder, ses tics et ses manies. Mais déjà quelques anciens lui échappent, s'enorgueillissant, comme Gérard Dou, des succès que lui vaut un travail toujours plus lisse et plus minutieux, ou, comme Flinck, d'une opportune conversion à la peinture claire et gracieuse. Même, vers 1651, un certain Jacob de Baer, qui sortait de l'atelier de Backer, après avoir balancé quelque temps à entrer chez Rembrandt, se décida en fin de compte à éviter ce maître dangereux et à s'inspirer de Van Dyck, « dont la manière est plus durable. »

Les prix se défendent encore pendant une quinzaine d'années : En 1646, le prince d'Orange ordonnance le paiement de 2400 florins pour la *Nativité* et la *Circoncision* : c'est deux fois plus que n'avaient été tarifées par le même amateur princier les scènes de la Passion dont nous avons parlé précédemment. En 1647, Adriaen Banck, négociant, achète une *Suzanne* 500 florins. Dix ans plus tard, la collection de feu Johannes de Renialme, mar-

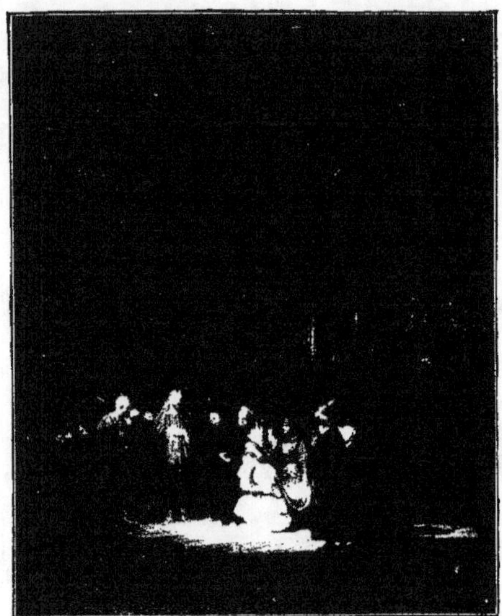

LA FEMME ADULTÈRE (Peinture, 1644). *Destiné d'abord à Jan Six, ce petit panneau fut estimé 1 500 florins en 1657. A cette date l'étoile du peintre avait pourtant sensiblement pâli. (National Gallery.) (Cl. Braun.)*

chand d'objets d'art, qui sut réunir plusieurs Holbein ainsi que des hollandais et des italiens estimables, est inventoriée par le peintre Adam Camerarius et l'expert Marten Kretzer. Or c'est Rembrandt qui a les honneurs de l'inventaire, avec sa *Résurrection de Lazare* prisée 600 florins, et surtout avec *la Femme adultère*, prisée 1500 florins. C'était attribuer à ce petit panneau presque la valeur qui fut payée pour *la Ronde de Nuit* !

Mais ce n'est, après tout, qu'une expertise et nous commençons aussi à trouver dans d'autres inventaires du temps des toiles du maître prisées 60, 42, 8 et 6 florins !

LES DETTES. JAN SIX. * * Nous n'en avons pas fini avec les chiffres. Le hasard qui préside à la conservation et à la destruction des archives ne tient pas souvent compte de nos préférences. Quels ont été les drames de la pensée et du cœur de ce grand poète et de ce grand révolutionnaire de l'art ? Libre à nous de le deviner, si nous l'osons. Les seules pièces justificatives qui ont échappé à l'oubli semblent choisies par un clerc d'huissier : elles ne sont prolixes que sur l'état de ses affaires.

Celles-ci se montrent déjà fort mal en point en 1653 : le 29 janvier, il doit 4180 florins à Cornelis Witsen ; le 1ᵉʳ février, 8470 florins et 16 stuiver à Christoffel Thijs ; le 7 mars, une somme indéterminée à Jan Six ; le 14 mars, 4200 florins à Isaak van Hertsbeeck.

Thijs est l'ancien propriétaire de sa maison, qui depuis 1649 ne reçoit plus les annuités convenues. Le nommé Isaak ne nous est pas autrement connu. Cornelis Witsen est un créancier de plus haute espèce ; fils de bourgmestre et bourgmestre lui-même, et, plus tard, président du Collège de l'Amirauté, secrétaire des Etats généraux de Hollande, trésorier, puis maire d'Amsterdam. Jan Six, qui ne lui cède en rien, mérite d'être présenté plus longuement.

En attendant de devenir lui aussi, conseiller puis bourgmestre d'Amsterdam, Jan Six était, pour l'instant, poète, amateur d'art, bibliophile et homme à la mode. L'exercice de ces différentes professions lui avait été facilité par la vie de labeur de son grand-père, émigré français enrichi dans la teinturerie à Amsterdam.

Les relations de Jan Six avec Rembrandt, son aîné de treize ans, remontaient assez loin. En 1641, le peintre avait fait un portrait assez terne de sa mère, Anna Wymer. Néanmoins,

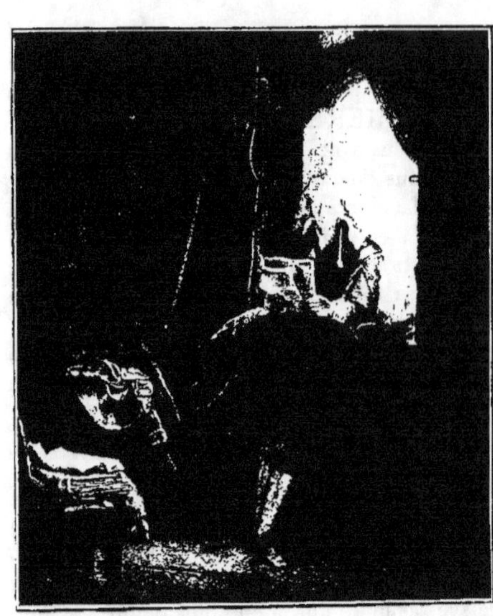

JAN SIX (Eau-forte, 1647). *On n'avait jamais vu en gravure des modelés aussi vaporeux et des travaux aussi délicats. Longtemps après, les clients voulaient avoir leur portrait « dans la manière du Jan Six ». (Bibl. Nat.)*

quand Jan Six décida, en 1647, la publication de sa tragédie de *Médée*, c'est à Rembrandt qu'il en demanda le frontispice. L'artiste grava à cette fin l'admirable *Mariage de Jason et de Créuse*. Au cours de cette même année 1647, Jan Six entre en personne dans l'œuvre gravé de Rembrandt, qui le représente sous l'aspect d'un jeune cavalier pensif lisant un manuscrit dans l'embrasure d'une fenêtre.

Les relations semblent désormais fréquentes. L'artiste dessine plusieurs croquis dans le livre de famille du futur bourgmestre. Celui-ci achète à Rembrandt des tableaux et des gravures, améliore sa collection par de judicieux échanges et c'est ainsi qu'il put laisser à sa mort, sans parler des portraits de famille, quelques toiles qui comptent aujourd'hui parmi les meilleures du maître.

En 1654, enfin, nouveau portrait du Mécène, une peinture cette fois, exécutée de la façon la plus large et la plus hardie. L'homme est en pleine maturité ; sa mise est d'une élégance sobre, presque militaire ; l'attitude est simple et aisée ; le regard sérieux s'appuie sur le spectateur sans aménité, avec cette assurance

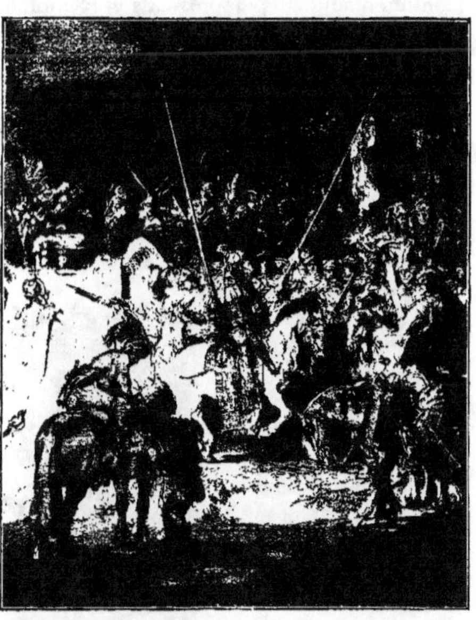

La Concorde du Pays (Peinture, 1648). *Allégorie de la paix de Westphalie. Ébauche étourdissante d'un projet qui n'eut point de suite. (Musée de Rotterdam.)*

de l'homme qui sait se conduire et prendre ses garanties.

Quand il prêta de l'argent à l'insoucieux Rembrandt, il eut la précaution de demander l'aval du marchand Van Ludick. Puis, lorsque les choses se gâtèrent, il s'empressa de passer sa créance à un certain Geerbrandt Ornia. Comment Rembrandt, Van Ludick et Ornia s'en tirèrent une dizaine d'années plus tard, c'est une autre histoire, mais Jan Six n'avait plus, grâce à sa bonne étoile, rien à y voir.

En attendant, les embarras se multipliaient et le peintre s'endettait de plus en plus. En 1656, il finit par s'apercevoir que la débâcle allait atteindre la fortune propre de Titus et il fit inscrire la maison de la Breestraat au nom de son fils à la Chambre des orphelins. Pour la libérer de toutes dettes, il engagea tous ses biens, meubles et immeubles, présents et futurs. La valeur de ce gage allait se préciser plus tôt qu'il ne pensait.

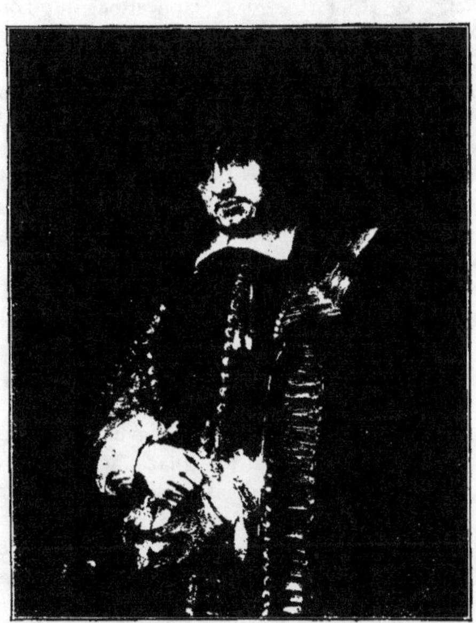

Jan Six (Peinture, 1654). *Pourpoint gris tendre, manteau rouge et or. La toile est traitée en esquisse, avec la hardiesse qu'autorisent trente ans de travail acharné. (Collection Six, Amsterdam.)*

LA RUINE. L'inscription est du 15 mai. Cette démarche, bien tardive, mit en mouvement tous les créanciers et notamment Christoffel Thijsz, qui avait déjà reçu lui-même la maison en garantie. Ils se montrèrent soudain plus pressants et Rembrandt ayant été déclaré insolvable, la vente de tous ses biens fut décidée et l'inventaire en fut dressé les 25 et 26 juillet.

Nous connaissons déjà cet inventaire de 1656. C'est lui qui nous a aidés, au précédent chapitre, à pénétrer dans la maison de Rembrandt et à nous faire une idée des richesses entassées par ce collectionneur insigne.

Quatre pièces contenaient à grand'peine les tableaux. Il y avait là pas mal de copies pas mal de toiles d'amis et d'élèves, mais aussi quelques grands noms de la peinture. Il y avait surtout une série de soixante-huit œuvres de Rembrandt lui-même, c'est-à-dire plus qu'aucun musée des deux mondes n'oserait rêver d'en rassembler. Trois autres pièces étaient bourrées d'objets d'art. Il s'y ajoutait un cabinet d'estampes et de dessins incomparable.

On pourrait croire qu'en lisant dans la Kalverstraat, la rue la plus marchande de la ville, le placard qui annonçait la vente de tous les trésors « rassemblés avec une grande curiosité par Rembrandt van Ryn », tout ce qu'il y avait d'amateurs à Amsterdam dût se ruer aux enchères. Il n'y avait, semble-t-il, qu'à appeler les premiers des 363 numéros de la liste pour éteindre une dette qui n'atteignait pas 14 000 florins.

Autorisée en 1657 par les commissaires de la Chambre des Insolvables, la vente commença le 4 décembre à l'Auberge de la Couronne Impériale. Ce fut un désastre. Elle se traîna pendant seize vacations. Le commissaire priseur, Thomas Jacobsz Haring, n'obtint que 1322 florins et dut remettre la suite à l'année suivante. Pour l'ensemble des objets mobiliers, on n'atteignit pas, en définitive, 5 000 florins.

La maison en fit 7 000 en janvier 1659. C'était la moitié de ce qu'elle avait coûté vingt ans plus tôt.

C'est en vain que Rembrandt s'était séparé de sa belle demeure, orgueil de sa jeunesse, de ses chers trésors, de ses souvenirs, des œuvres qu'il avait jalousement conservées, de tout le décor de sa vie casanière, Le bourgmestre Witsen rentra dans son argent ; d'autres créanciers privilégiés furent satisfaits en partie ; mais une partie de la dette ne put être éteinte et, en fait sinon en droit, le pauvre Rembandt resta insolvable jusqu'à la fin de ses jours.

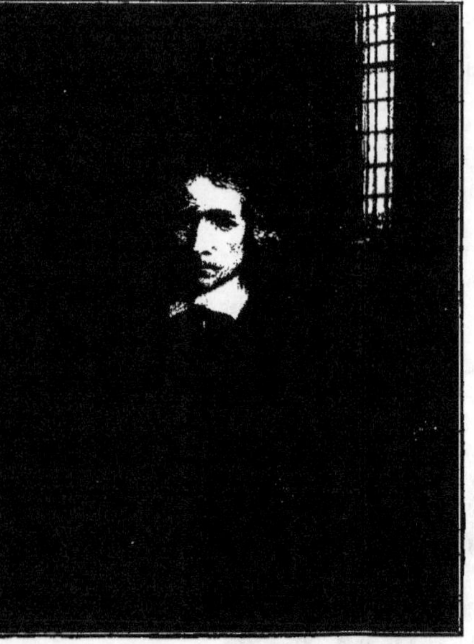

THOMAS HAARING LE JEUNE (Eau-forte, 1656). ∅ *Concierge de la Chambre des Tutelles, il dirigea la vente de Rembrandt. La planche a des noirs incomparables.* (Bibl. Nat.) (Cl. Hachette.)

REMBRANDT A QUARANTE ANS. ∅ ∅ Comment était-il tombé, en si peu d'années, de la splendeur à la ruine ? Chacune des explications que l'on a tentées, changement soudain de la mode, crise des affaires, ténébreuse conspiration des créanciers, contient peut-être une part de vérité, mais aucune ne suffit à expliquer la catastrophe.

Interrogeons d'abord, comme d'habitude, ces témoins si expressifs, malgré leur mutisme, que sont les portraits du peintre par lui-même.

La coquetterie disparaît avec l'âge. Les vêtements d'apparat font place à la tenue de travail, ou tout ou moins au négligé de l'homme qui ne sort guère et ne se met plus en frais pour recevoir. Un vieux béret couvre souvent sa tête ; quelquefois un haut chapeau de feutre sans grâce abrite le regard sous l'ombre de son large bord. Quand il ne se laisse pas voir dans sa blouse grise, il se contente d'un vêtement sombre, au petit col entr'ouvert sur le cou large, tenue neutre et discrète qui laisse au regard le maximum de vie. L'impressionnant

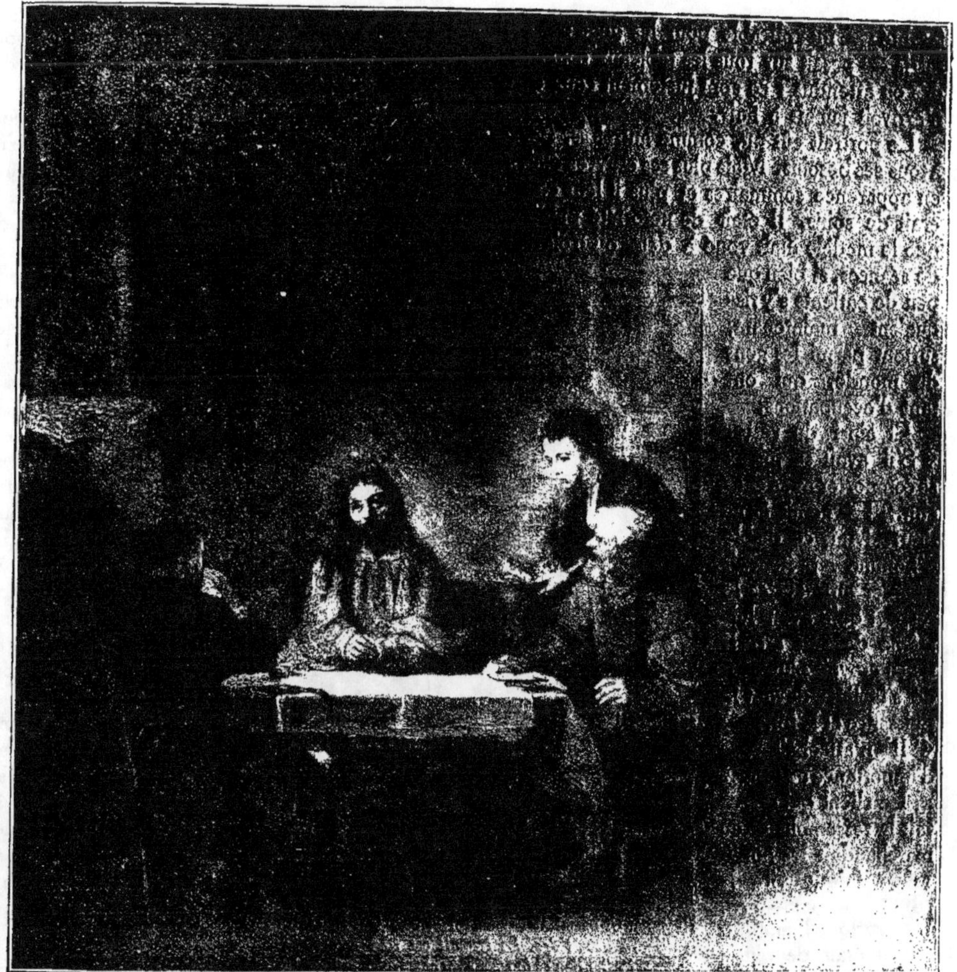

LES PÈLERINS D'EMMAÜS (Peinture, 1648.) ⌀ *Sauf quelques œuvres du moyen âge, tout semblerait apprêté et théâtral auprès de cette traduction si simple et si grave des Évangiles .(Musée du Louvre.) (Cl. Hachette.)*

regard, plein de quiétude et de sérénité quand l'homme peint ou dessine, mais qui se fixe sur le visiteur avec l'air intimidant de celui qui sait, de celui qui est là pour juger et non pour être jugé et qui a raidi contre tous les obstacles une altière volonté que rien ne pourra faire dévier.

Les contemporains achevèront de nous mettre sur la voie. C'est de cette période que datent les pauvres souvenirs notés plus tard par eux : Joachim van Sandrart l'a connu vers 1642 ; Samuel van Hoogstraten a été son élève à partir de 1640 ; le danois Bernard Keilh (de qui Baldinucci tient ses informations) a travaillé dans son atelier de 1648 à 1656. Or même pour ces hommes qui l'ont approché journellement et que leur profession préparait à le comprendre, Rembrandt reste un inconnu. Il n'avait pas, écrit Baldinucci, « la cervelle faite comme tout le monde ». C'était « un original de première classe ». Au total, un homme impossible.

Les commandes ne lui manquaient pas, et à des prix fort honorables. La plupart de ses créanciers ne demandaient qu'à s'arranger avec lui et à être remboursés en nature. Mais une fatalité — inexplicable pour les gens de sens rassis — pesait sur tous les tableaux commandés ou attendus : ce sont justement ceux qu'il n'arrivait jamais à finir.

Le portrait eût pu, comme autrefois, suffire à tous ses besoins. Mais plus ses œuvres étaient en apparence sommaires et plus il leur consacrait de soins. Il était de notoriété publique que le modèle était voué à deux ou trois mois de séances, si bien que peu de patients s'y risquaient maintenant, surtout parmi les gens du monde, qui ont tant d'occupations.

Et ainsi du reste. « S'il avait su mieux se comporter avec chacun... ! » gémit Sandrart. Mais ce diable d'homme prétendait imposer aux autres le respect qu'il avait lui-même de son art. Il ne se croyait plus tenu de s'incliner devant la puissance et la fortune : « Il n'attachait pas d'importance au rang !»

Le client qui discutait la ressemblance ou marchandait les honoraires faisait vite le tour de sa patience. Et surtout Rembrandt se libérait de plus en plus de cette souffrance que connaissent les vrais artistes, lorsqu'on vient les troubler dans l'émoi sacré du travail. « Quand il peignait, raconte Baldinucci, il n'aurait pas donné audience au plus grand monarque du monde et celui-ci aurait pu attendre et repasser et repasser encore jusqu'à ce qu'il plût à l'artiste de le recevoir. »

Il ne ménageait pas ceux qui dispensent la réputation. Il ne se montrait pas aux assemblées et aux cénacles où se consacre la gloire. « Lorsque je désire reposer mon esprit, disait-il, ce ne sont pas les honneurs que je cherche, mais la liberté. »

Entendons bien que cet indépendant avait le cœur bien placé. Sa réputation d'obligeance et de générosité est solidement établie ; on nous a laissé de jolis traits de délicatesse envers des confrères obscurs et Baldinucci nous dit en propres termes que « sa bonté allait jusqu'à l'extravagance. » Nous le croyons sans peine de l'artiste à qui nous devons quelques-unes des plus hautes expressions de la pitié et de la tendresse. Mais ceci est une maladresse de plus à son passif. Ceux qui savent faire leur chemin en ce monde ne vont pas lier partie avec les modestes et les malchanceux.

Rembrandt, et Baldinucci entre autres le lui a suffisamment reproché, était aussi «peuple» dans sa manière de vivre, qu'«archi-aristocrate dans l'idée élevée qu'il avait de l'art et des artistes. » Il fréquentait, appuie Sandrart, des gens de condition inférieure.

Les biographes ont eu à cœur de le laver de ces reproches. Ils n'ont pu se résigner à ce qu'un peintre de génie n'ait pas été, à défaut d'un mondain, un intellectuel de marque. On n'a pas manqué de lui donner comme familiers tous les personnages distingués, rabbins, hommes de science, qui ont posé devant son chevalet. On en a fait un mage et un kabbaliste, comme ses modèles les médecins Menasseh ben Israël ou Ephraïm Bonus. On lui a supposé des rapports avec Spinoza, hérétique en philosophie comme il l'était lui-même en peinture. Mais, jusqu'à preuve du contraire, nous ne verrons là que d'ingénieux romans et nous laisserons Rembrandt à cette intimité qu'il chérit, seul avec les siens ou avec de vieux camarades au métier sincère et maladroit, comme Hercules Seghers ou Roeland Roghman.

Il faut bien dire aussi que sa vie privée n'était pas sans offusquer les gens établis.

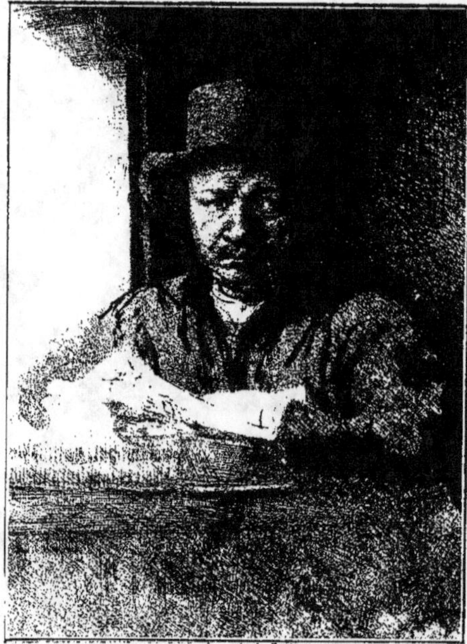

REMBRANDT DESSINANT (Eau-forte, 1628). *La coquetterie a disparu avec l'âge. Le travail est tout désormais. Il y apporte l'attention et la sûreté du chirurgien qui dissèque un patient.* (Bibl. Nat.) (Cl. Hachette.)

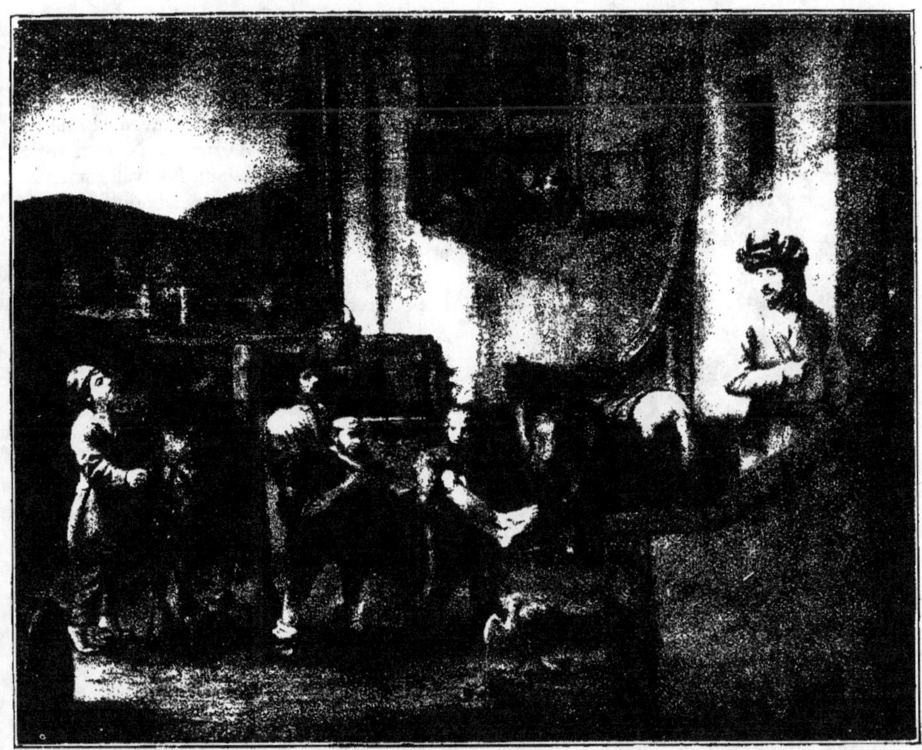

LE BON SAMARITAIN FAISANT TRANSPORTER LE BLESSÉ DANS L'HOTELLERIE (Peinture, 1648). ◙ *L'artiste s'est gardé d'une composition trop décorative. C'est un simple fait divers. Et c'est aussi, à la nuit tombante, le dialogue de la détresse et de la charité.* (Musée du Louvre.) (Cl. Hachette.)

Rembrandt avait un esprit religieux mais nullement ascétique. Un naturalisme un peu sans façon se fait souvent jour dans son œuvre. En 1630-31, il avait dessiné et laissé graver sous son nom deux pièces naïvement obscènes, l'*Homme qui pisse* et son pendant.

Puis, dans les premières années de son veuvage, quatre estampes nous apportent des confidences encore plus risquées. Le *Vieillard endormi* et l'*Espiègle* sont de 1642; le *Lit à la Française* et le *Moine dans les Blés* sont de 1646.

C'est bien vainement que quelques critiques pudibonds ont essayé de lui retirer ces chefs-d'œuvre indéniables. Qu'on ne s'imagine d'ailleurs aucune des inventions délirantes des spécialistes du genre. Rembrandt n'a rien représenté qui ne soit d'usage en tous pays; il nous révèle un tempérament impérieux, sans doute, mais parfaitement sain.

GEERTGHE DIRCX. ◙ ◙ C'était assez pour qu'il ne put supporter longtemps la solitude. Mais il n'avait plus le loisir de chercher de glorieuses conquêtes. Nous avons vu qu'en art, il n'est jamais allé bien loin pour trouver des sujets et des modèles. La flamme qui brûle en lui est assez intense pour n'avoir pas besoin d'aliments exceptionnels. Il pratiqua en amour cette riche indulgence.

Après la mort de Saskia, une certaine Geertghe Dircx, veuve du trompette Abraham Claesz, se trouvant sans ressources, était entrée chez lui pour prendre soin du petit Titus, alors âgé d'un an. Rembrandt en obtint bientôt des services plus personnels. Il offrit à Geertghe quelques bijoux de Saskia et lui fit même, à l'occasion, une promesse de mariage.

Les choses allèrent tant bien que mal pendant quelques années. Geertghe s'était attachée

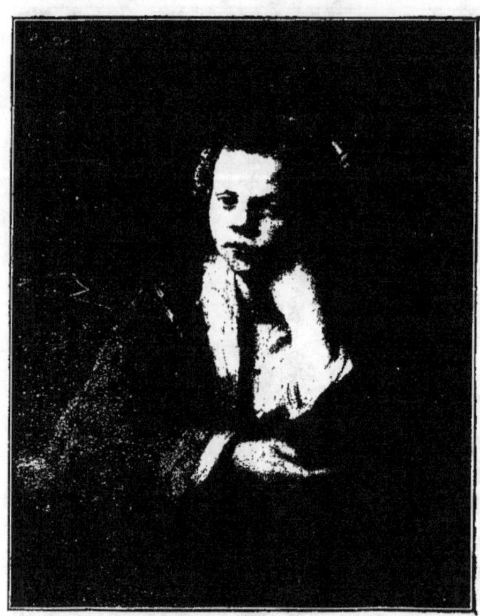

JEUNE FILLE AU CORSAGE ROUGE APPUYÉE, AU REBORD D'UNE FENÊTRE (Peinture, 1651). ⊘ Ce n'est plus pour le client c'est pour lui-même que Rembrandt peint de savoureuses études. (Musée de Stockholm.)

à l'enfant, puisqu'elle testa en sa faveur le 24 janvier 1648. Mais peu après, Rembrandt lui donna de sérieuses raisons de jalousie et la vie devint dès lors impossible. Le 15 juin 1649, il fut décidé que Geertghe quitterait la maison, Rembrandt offrant de pourvoir à son existence.

Geertghe partit avant que l'entente n'ait pu se faire sur les conditions de la rupture. Un nouveau projet d'accord fut établi. Geertghe devait recevoir 200 florins pour libérer ses bijoux, qu'elle avait engagés. En plus, elle devait recevoir une rente de 160 florins d'or. Sous ces conditions, elle devait renoncer à toutes ses prétentions sur Rembrandt ; elle devait s'obliger en outre à ne rien changer à son testament, et à ne pas aliéner son anneau garni de diamants ainsi que ses autres biens.

La proposition n'aboutit qu'à provoquer un nouvel accès de fureur. Geertghe cita le peintre, le 25 septembre, devant les commissaires aux mariages, " pour affaires matrimoniales et injures ". Rembrandt ne se dérangea pas. Il fut condamné à l'amende.

Le mois suivant, nouvel effort de conciliation. Le notaire L. Lambert et le cordonnier Octaef Octaeffs conduisirent l'irascible veuve jusque

dans la cuisine de Rembrandt pour signer la paix. Mais la vue de son ancienne demeure provoqua un nouvel orage. Geertghe repartit comme elle était venue.

Quelques jours plus tard, nouveau brouillon de contrat, sans plus de succès. Nouvel appel en justice. Nouveau défaut. Nouvelle amende.

Le 23 octobre, enfin, Rembrandt se décida à comparaître. Il nia la promesse de mariage et le reste. Les commissaires passèrent outre, prirent acte des offres d'indemnité du peintre et portèrent la rente à 200 florins.

La pauvre femme perdit bientôt le peu de raison qui lui restait. L'année suivante, il fallut la conduire dans une maison de santé de Gouda, et, comme la dépense excédait ses revenus, Rembrandt avança 150 florins à la famille.

Sept ans plus tard, lors de la débâcle de Rembrandt, le peintre, à bout de ressources, essaya de récupérer cette avance. Il fut éconduit, et, avec son irascibilité coutumière, fit emprisonner le frère de Geertghe, Pieter Dircz' qui était sur le point de s'embarquer comme charpentier à bord du « Van Bever ». Pieter éclata en reproches et menaça de réclamer des dommages-intérêts pour toutes les injures et affronts que le procès lui avait occasionnés. Rembrandt déclara qu'il voulait bien réfléchir, mais refusa, en attendant, de consentir à l'élargissement du débiteur.

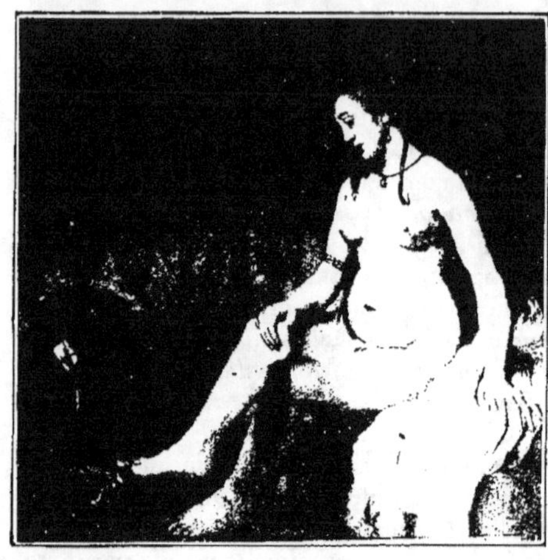

BETHSABÉE AU BAIN (Peinture, 1654). ⊘ La sincérité de Rembrandt s'est faite moins agressive. Ce nu si fort et si tendre, pure de toute convention, fait l'admiration de tous les peintres. (Musée du Louvre.) (Cl. Hachette.)

Là se termine pour nous cette piètre aventure. Nous nous attarderions plus longtemps à rapporter de savants entretiens sur les *Idées adéquates*, si les archives nous en avaient laissés, mais ce qu'elles nous ont conservé, ce sont les démêlés avec la veuve du trompette et le charpentier, son frère. Nous ne pensons pas que l'image de Rembrandt en soit diminuée dans l'esprit de ceux qui l'aiment. Ses compositions et ses figures nous semblent-elles moins nobles pour être toujours hardiment et naïvement humaines ?

HENDRICKJE STOFFELS. ✿ ✿ La suite offre d'ailleurs de plus heureux tableaux. En 1649, au moment du départ de Geertghe, une jeune servante, Hendrickje Stoffels était déjà installée dans la maison de la Breestraat. Hendrickje avait alors environ 23 ans. Elle était parfaitement dépourvue d'instruction et ne trouva pas le temps d'en acquérir, n'ayant jamais su signer que d'une croix. C'est évidemment la « paysanne de Ransdorp » à laquelle Houbraken fait allusion. Rembrandt, qui trouvait difficilement des modèles dans ce pays rigoriste, recourut souvent à elle et nous lui devons quelques-uns des nus qu'il a peints avec le plus de bonheur.

Hendrickje avait, avec de grandes mains et

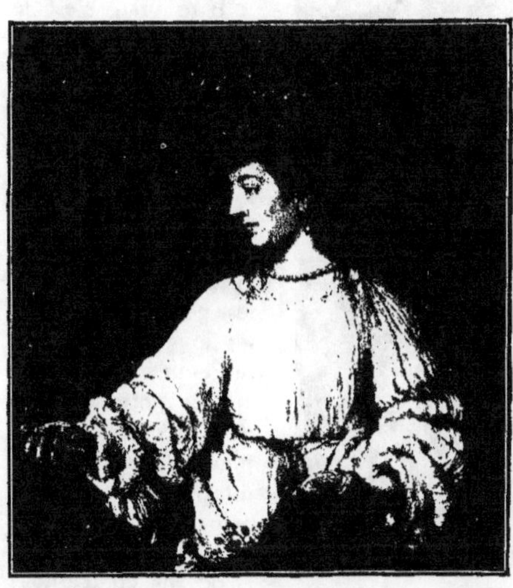

FLORE (Peinture, vers 1655). ✿ *Sous ce nom mythologique et ce déguisement champêtre, nous retrouvons l'avenante physionomie d'Hendrickje.* (Collection de lord Spencer, Althorp Park). (Cl. Hanfstaengl.)

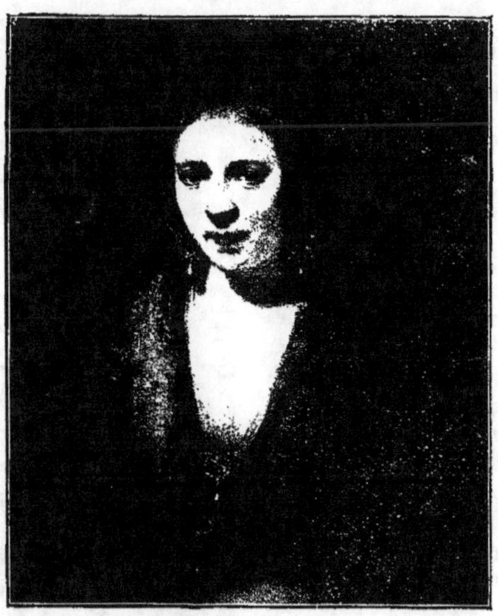

HENDRICKJE STOFFELS (Peinture, vers 1652). ✿ *C'est la compagne des mauvais jours, douce et craintive sous les joyaux dont l'a parée la fantaisie de l'artiste.* (Musée du Louvre.) (Cl. Hachette.)

des jambes ingrates, un assez joli buste, bien plein et d'une jeunesse charmante. Dans son beau visage, se reflétait une âme. C'était bien la compagne capable d'apaiser cet esprit emporté et de se plier à son caractère intraitable. Il n'est pas nécessaire de savoir la place qu'elle prit auprès du grand homme, il suffit, pour l'aimer, de s'arrêter devant quelques-uns de ses admirables portraits, où elle nous apparaît soumise, douce, affectueuse, un peu mélancolique, avec son regard caressant, son joli nez palpitant, le pur ovale de ses joues, son menton grassouillet à fossettes, sa bouche gracieusement sinueuse, ombrée d'un léger duvet.

Hendrickje accepta avec une courageuse tendresse la situation irrégulière que lui faisait l'amour de Rembrandt. Un premier enfant leur vint, qui fut enterré en 1652 à la Zuiderkerk.

Deux ans plus tard, les commérages du quartier allant leur train, le couple fut cité devant le Consistoire d'Amsterdam. Rembrandt, selon sa coutume, ne bougea pas et Hendrickje imita son exemple.

Le Consistoire insista ; mais cette fois il s'adressa seulement à la jeune femme. Peut-être craignit-on un éclat de l'artiste. Peut-être se souvint-on qu'il ne relevait pas de la juridiction de l'église nationale, car il était ou se disait mennonite.

Le 16 juillet, comme Hendrickje n'avait pas répondu à cette deuxième citation, les « frères » du quartier vinrent la relancer à domicile. Elle se présenta enfin, le 28 juillet, et avoua qu'elle avait eu des relations avec Rembrandt le peintre. Elle fut sévèrement admonestée et privée de communion.

Il eût été difficile d'échapper à l'aveu. Le 30 octobre de cette même année 1654, une fille naissait dans la maison de la Joden-Breestraat. Elle fut reconnue par Rembrandt et baptisée à la Oudekerk sous le nom de Cornelia.

N'avons-nous pas maintenant, malgré la pauvreté des textes, la réponse au problème posé plus haut ? Si les affaires temporelles de Rembrandt vont de mal en pis, n'est-ce pas parce qu'il ne manque jamais de faire tout ce qu'il faut pour cela, se déliant invariablement des contraintes et des obligations de toutes sortes, où s'usent ceux qui ne savent rien faire à moitié ? Tout son temps, toutes ses forces, toutes ses pensées, sa vie, celles des siens sont jalousement,

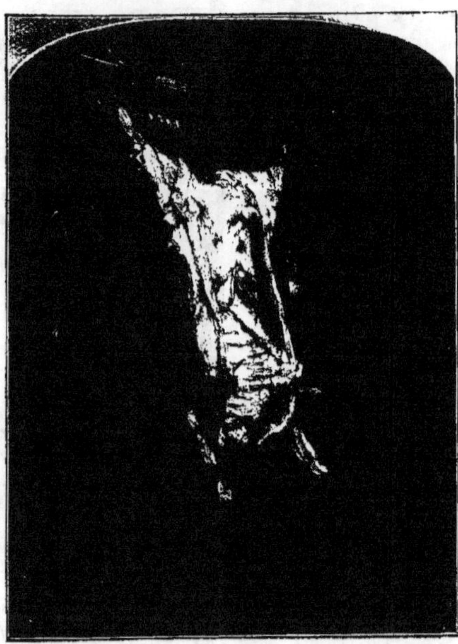

Bœuf écorché (Peinture, 1655). *C'est un extraordinaire morceau de peintre, d'une puissance et d'une chaleur sans égales. (Musée du Louvre.) (Cl. Hachette.)*

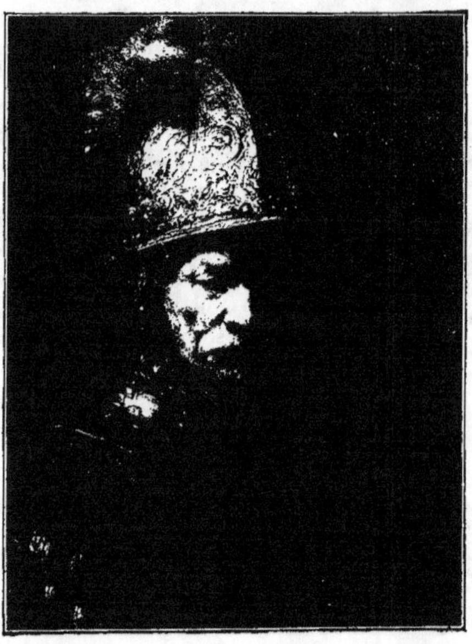

L'Homme au casque doré (Peinture, vers 1650). *On croit reconnaître dans cette resplendissante effigie le frère aîné de Rembrandt, qui aurait abandonné Leyde pour se réfugier auprès de son cadet. (Musée de Berlin.)*

férocement mis au service de son art. Et cette existence, qui semble conduite comme celle d'un enfant, est en réalité organisée avec la plus imperturbable méthode pour le plein épanouissement de son génie.

LE GÉNIE DE REMBRANDT

Sa dévotion à la nature est devenue un dogme. « Rembrandt disait, comme le Caravage, qu'on doit tout peindre sur le vif ». On aurait tort, assurément, de prendre au pied de la lettre ce précepte rapporté par son élève Houbraken, mais jamais jusqu'à ses derniers jours, le maître ne cessera de se reporter à la vision des choses et de s'y retremper.

Être vrai, c'est le premier devoir. Les compositions bibliques deviennent de simples scènes de vie populaire. Il en élimine de plus en plus tout ce qui est théâtral, forcé, conventionnel. Il y recueille précieusement les gestes spontanés, les expressions naïves du sentiment.

Les portraits sont de plus en plus sobres, plus pénétrés de vie intérieure, et si nous avions des doutes sur la qualité de son esprit et de son cœur, nous n'aurions qu'à voir comment il a su exprimer la dignité, la mâle as-

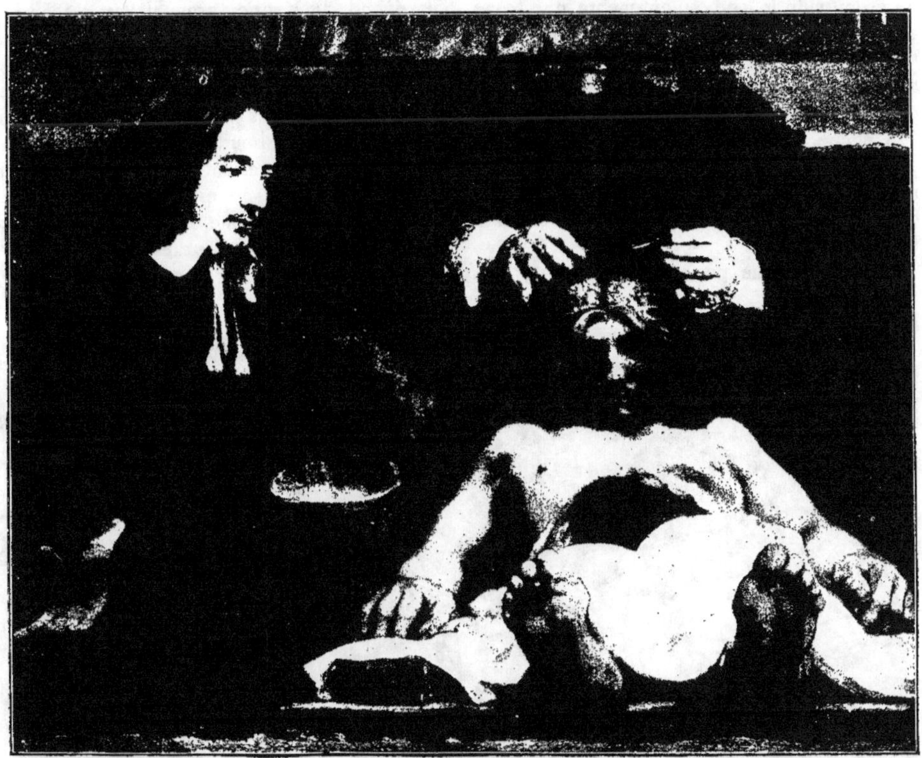

LA LEÇON D'ANATOMIE DU Dr DEYMAN (Peinture, 1656). ∅ *Fragment sauvé d'un incendie. La composition contenait neuf personnages. Par la comparaison avec la Leçon d'anatomie de 1632, on voit tout ce que l'artiste a gagné en vigueur et en hardiesse.* (Musée d'Amsterdam.) (Cl. Braun.)

surance, la bonté de certains de ses modèles.

Dans les nus, il reste délibérément ennemi de la chorégraphie antique. Il méprise les mesures, les canons et autres patrons de confection dont on fait ailleurs tant de cas. Une chair douce et pleine est d'elle-même une si belle chose que toutes les corrections et tous les artifices sont des contre-sens impies.

La beauté est partout. Pour qui sait voir, la charpente d'un bœuf écorché étalant sa chair sanglante dans l'odeur d'une boucherie est un spectacle aussi magnifique que les marbres, le velours et l'or des plus riches palais.

C'est certainement un mot favori du patron que s'approprie Van Hoogstraten, quand il écrit à son frère : « Autour de toi, dans ta patrie, tu trouveras tant de beautés que ta vie serait trop courte pour les comprendre et pour les exprimer. » Quoique pris à cette époque, d'une véritable fureur de paysage, Rembrandt

ne se déplace guère. C'est par exception qu'on note sa présence à Utrecht, Arnheim ou Rhenen. Le plus souvent, il reste tout près de son atelier, le long des canaux d'Amsterdam, sur la ceinture de bastions, dans les chemins de l'escarpe, sur les bords de l'Amstel ou dans cette grande plaine marécageuse qui s'étend entre le fleuve et la mer, à l'est de la ville, en sortant par la porte Saint-Antoine. Il lui suffit d'une vieille tour, d'une palissade trempant dans des eaux tranquilles, d'un ruisseau qui se perd au milieu des tourbières pour faire éclore les poèmes les plus splendides que jamais paysagiste ait chantés à la gloire de la Création.

C'est que le sujet, pour lui, n'est pas ce qui prête, dans la langue des mots, à un récit ou à une description circonstanciés : c'est une mystérieuse concordance entre un état d'âme et un effet plastique, c'est la visite d'un tiède rayon de soleil dans une maison d'artisan, c'est un crépuscule louche qui enténèbre une scène de détresse, c'est, dans le plus humble spectacle, un merveilleux équilibre des plans, des taches et des couleurs, c'est l'éternel miracle de l'harmonie par la lumière.

Comme tout ce qui est grand, l'art de Rembrandt concilie les inconciliables. A mesure qu'il avance dans sa carrière, ses œuvres contiennent à la fois plus de naturel et plus de style.

Il va de soi que, pour lui, comme pour tous

il répond avec une orgueilleuse sérénité : « Quelque chose est achevé lorsque l'artiste a dit ce qu'il voulait dire ».

Ses procédés semblent à Baldinucci aussi « extravagantissimes » que sa conduite. Pas de contours, un faire heurté et brutal, même dans des tableaux qui restent indéfiniment sur son chevalet. De près, c'est un jeu de taches inintelligibles. Dans une des boutades qui expriment si bien son tour d'esprit, Rembrandt conseille au visiteur de ne pas trop s'approcher

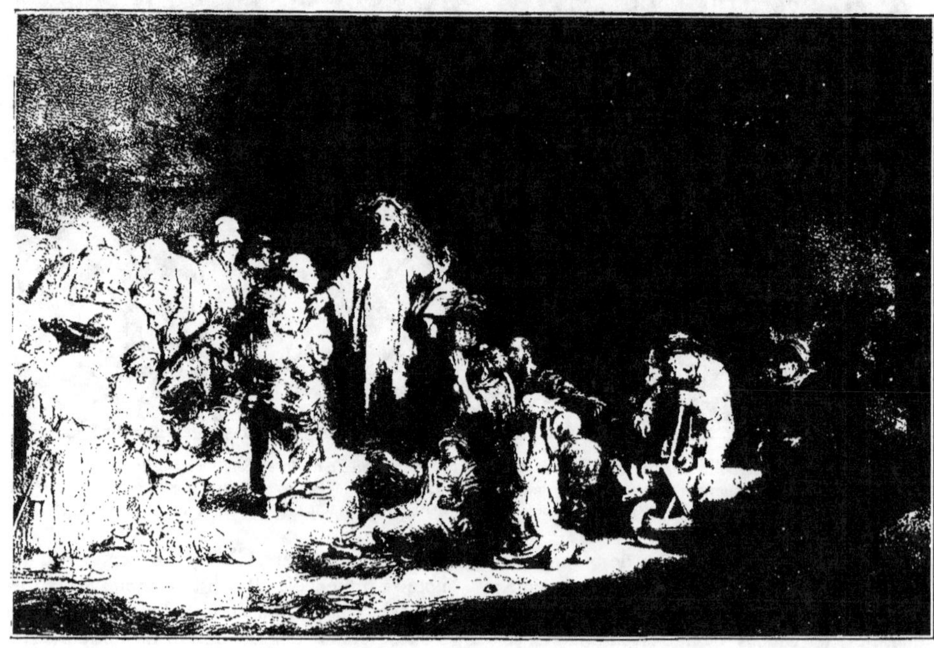

JÉSUS GUÉRISSANT LES MALADES (Eau-forte, 1650). ∅ *C'est la fameuse pièce dite « aux cent florins », en souvenir d'une enchère alors sensationnelle. Des parties poussées à l'extrême, d'autres à peine indiquées d'une pointe rapide. La réalité familière côtoyant le miracle divin. C'est un résumé de l'art de Rembrandt.* (Bibl. Nat.) (Cl. Hachette.)

les vrais artistes, le style est à l'opposé de la manière et du poncif. C'est l'art de coordonner tout ce qui concourt à l'impression dominante ; d'éliminer toute discordance. C'est aussi la hardiesse, la franchise, la vérité, la sensibilité dans l'expression. Chez Rembrandt, pas de remplissage, pas de besogne de tâcheron consciencieux ; il n'y a pas un mouvement de la main qui n'exprime une découverte, un émoi ; ses œuvres sont une perpétuelle invention : ce qui ne l'inspire pas, il le laisse. A ceux qui s'étonnent de voir l'œuvre *inachevée*,

de la toile, « car l'odeur de l'huile est malsaine ».

Avec cela, une matière épaisse et rugueuse, où l'on retrouve parfois l'empreinte du pouce et les sillons tracés par la hampe du pinceau. Il empâtait tellement certains portraits, dit Houbraken, qu'on aurait pu soulever les figures par le nez.

Or tout ceci est admirablement compris. Ici, encore Rembrandt embrasse deux extrêmes. Il est épris de solidité et c'est pourquoi il aime les riches matières et les constructions puis-

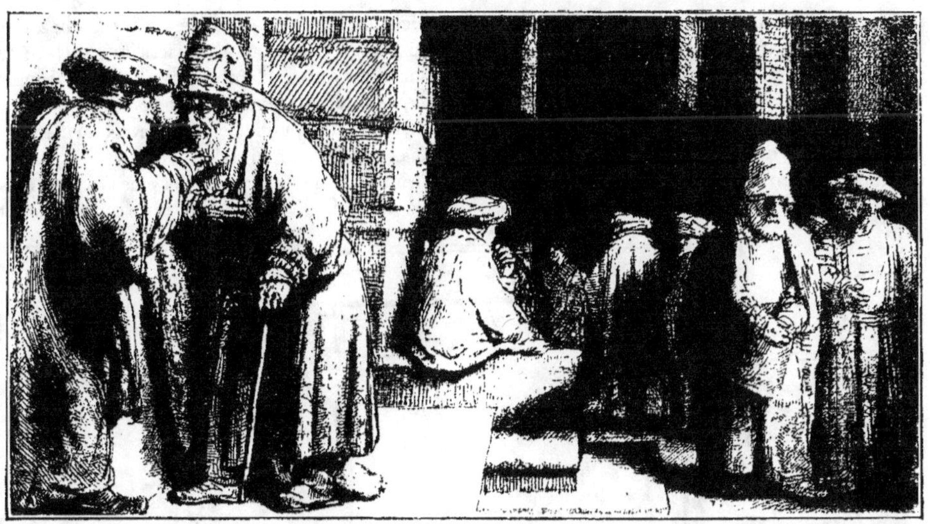

LA SYNAGOGUE DES PORTUGAIS (Eau-forte, 1648). *C'est, avec un parfum d'Ancien Testament, la réalité prise sur le vif ; à deux pas de la maison de Rembrandt, à l'abri des regards profanes, les juifs, éternels discuteurs, échangent des subtilités talmudiques. (Bibl. Nat.) (Cl. Hachette.)*

santes, mais il est épris de vie et c'est pourquoi sa charpente est toujours intérieure. Le dessin n'est pas le trait, le cerné linéaire, mince et figé. C'est le juste emplacement, l'exacte hiérarchie des taches sombres ou claires. Les contours doivent rester la zone la plus incertaine, baignée qu'elle est dans l'atmosphère ou mangée par l'ombre et par la lumière.

D'autre part, rien n'est mort comme le travail lisse et plat, le dégradé glacé des lavis. Entre les valeurs, comme entre les couleurs, il sait ménager des paliers, que l'œil se charge de franchir. C'est de ces superpositions et juxtapositions de touches que vient l'impression unique de vie, de vibration et de mouvement des œuvres de Rembrandt. Il suffit de les contempler en silence, à la distance voulue, pour voir les regards s'aviver ou se voiler, les lèvres frémir, le sang circuler sous la peau, les lueurs s'allumer ou s'éteindre, l'atmosphère s'épaissir ou se dissoudre.

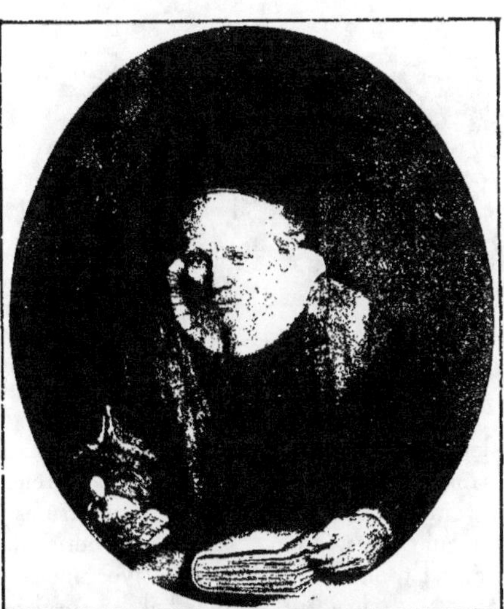

JAN CORNELIS SYLVIUS (Eau-forte, 1646). *Ce pasteur, réputé pour son savoir et ses mœurs, était l'oncle et le tuteur de Saskia. Rembrandt l'a dessiné et gravé à plusieurs reprises. (Bibl. Nat.) (Cl. Hachette.)*

LE GRAVEUR. Depuis quelques années, Rembrandt se passionne de plus en plus pour le métier difficile du graveur. Il n'a pas tardé à découvrir que l'estampe est bien autre chose qu'un dessin tiré à plusieurs exemplaires ; que, d'avoir été tracé sur du métal avec du métal, le trait prend une vigueur incomparable, et il s'est pris au charme spécial de cet art raffiné. L'alchimie des vernis, des mordants et des encres, l'attrait des planches de cuivre et des pointes d'acier, la douceur des souples vergés ou des vélins, des japons ou des parchemins ambrés satisfont son goût pour les beaux métiers un peu secrets. Le temps est passé où il abandonnait bon nombre de ces travaux à la collaboration de ses élèves. Ses deux presses, l'une en bois de chêne, l'autre en bois des îles, ne chôment guère et lui donnent des épreuves incomparables.

précis et limpide. Chaque trait est chez eux une ligne d'épure qui circonscrit une surface ou épouse un relief. Rembrandt, dès ses premiers croquis à la pointe, avait transformé cette géométrie en un spirituel et capricieux griffonnis. Puis, peu à peu, il découvre que la gravure fournit la gamme de valeurs la plus étendue et la plus nuancée dont un artiste puisse disposer, et

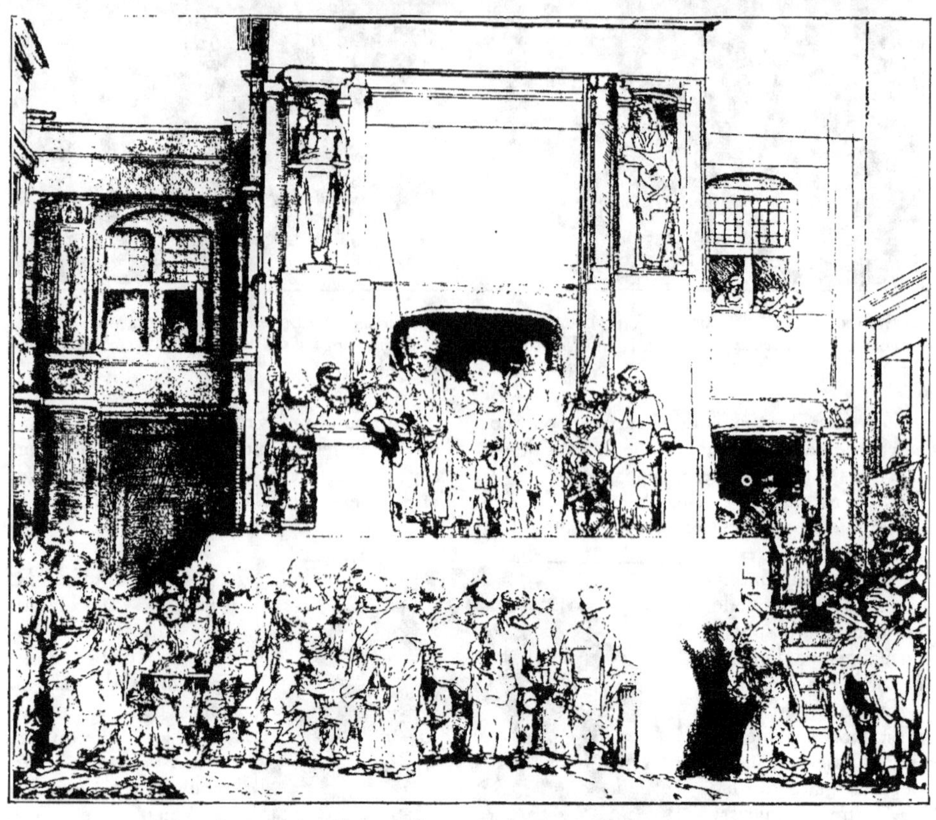

JÉSUS PRÉSENTÉ AU PEUPLE (Pointe sèche, 1655). ∅ *Épreuve tirée avant l'achèvement de cette planche magistrale. Par la suite, pour donner plus de grandeur encore à la scène, l'artiste n'a pas hésité à effacer la foule pittoresque que l'on voit indiquée ici au premier plan.* (Bibl. Nat.) (Cl. Hachette.)

« S'il est un point, dit déjà Baldinucci, où sa valeur d'exécutant fut sans rivale, c'est la très bizarre manière qu'il inventa de graver à l'eau-forte, manière qui fut et qui est restée son entière et exclusive propriété. » Et, en effet, il usa des procédés connus avec une virtuosité, une intelligence et une variété telles qu'on pouvait croire à une technique nouvelle.

Ses prédécesseurs, comme Callot ou Bosse, usent, à l'imitation des burinistes, d'un métier

le voilà effleurant ou labourant le cuivre, multipliant les tailles enchevêtrées, usant de tous les procédés, morsures superposées, pointe sèche, accents de burin, de diamant, grattoir, pierre ponce, avec une science qui défie l'analyse des plus habiles spécialistes.

Le *Jan Six* de 1647 avait déjà émerveillé les connaisseurs. Le *Jésus guérissant les malades*, qui occupa de longues journées et de longues veillées pendant les années 1649 et 1650 fut

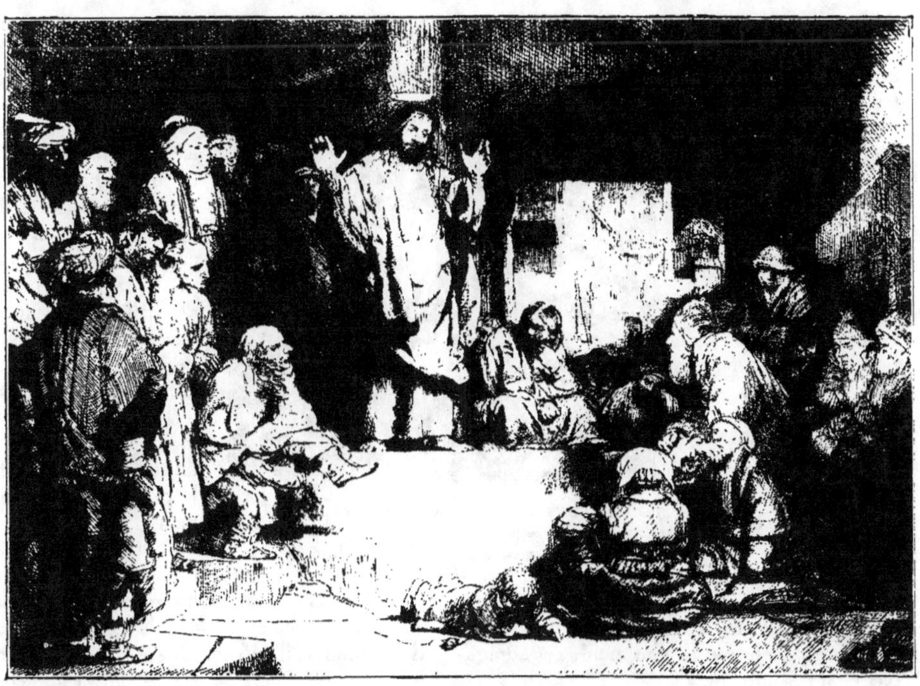

JÉSUS PRÊCHANT (Eau-forte, 1652). ∅ *Par suite d'une erreur de lecture, cette pièce fut longtemps connue sous le titre « la Petite Tombe », ce qui n'a aucun sens. On remarquera la variété et le naturel des attitudes. On verra aussi comment le style a encore gagné en franchise et en unité. (Bibl. Nat.) (Cl. Hachette.)*

plus célèbre encore, et le surnom de *Pièce aux cent florins*, sous lequel cette estampe est universellement connue, atteste le souvenir des prix sensationnels offerts par les amateurs.

Il est désormais en possession des noirs les plus transparents, des lumières les plus vibrantes et les plus radieuses, capable d'inscrire en quelques pouces carrés les plus précieuses, les plus étranges, les plus pathétiques visions.

Il ne lui reste plus qu'à arriver au but, comme dans sa peinture, par des voies

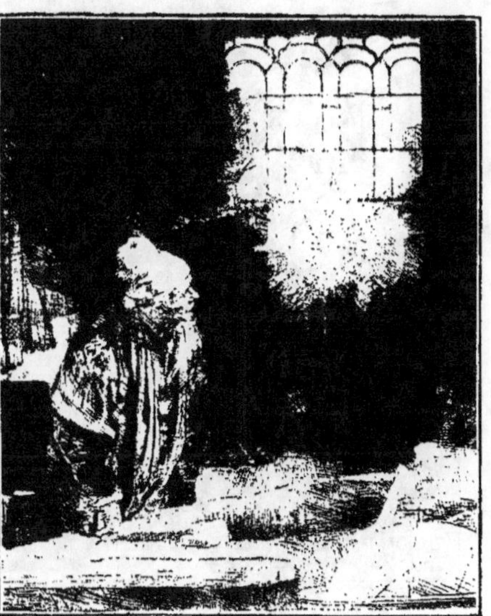

LE DOCTEUR FAUST (Eau-forte, 1652). ∅ *Le thaumaturge évoque le signe cabalistique. (Bibl. Nat.) (Cl. Hachette.)*

plus directes. De là sa nouvelle manière, large, rude, magistrale, dont la *Petite tombe* ou le *Faust*, vers 1652, le *Christ présenté au peuple*, de 1655, peuvent être cités parmi les exemples les plus achevés ; chefs-d'œuvre dont l'effet est d'autant plus puissant qu'il a été obtenu par des moyens plus simples et plus francs.

LE SECRET DE REMBRANDT. ∅

∅ Désormais, qu'il peigne, qu'il dessine ou qu'il grave, nous sommes aux antipodes de la calligraphie, qui est la tare la plus ordinaire des demi-artistes, même de ceux qui s'en doutent le moins. Rembrandt ne permet jamais à sa main ces jeux faussement élégants d'arcs de cercle, produit d'une mécanique paresseuse et inintelligente. Elle est l'exécutant pour qui rien n'est trop difficile, mais qui ne bouge que sur l'ordre exprès de l'œil et de l'esprit.

Tandis que les difficultés matérielles s'accumulent, que les amateurs hésitent, que les gens pratiques se disputent ses dépouilles, il fait jaillir de son cœur, en des œuvres du métier le plus fort et le plus neuf, cet admirable chant, sourd, grave, riche, puissant, contenu, qui magnifie ce ruissellement d'or que le Seigneur a versé sur les plus humbles créatures, ces harmonies secrètes et exquises qu'il a réservées pour les contemplatifs,

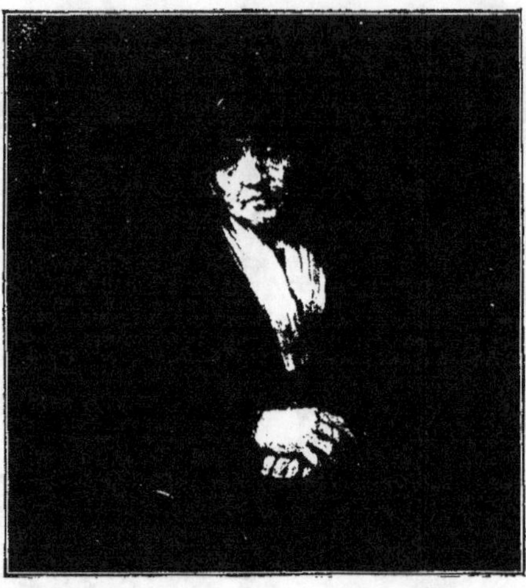

VIEILLE FEMME AU CAPUCHON NOIR (Peinture, 1654). ⌀ *Les vieillards pensifs, perdus dans leurs souvenirs, ont toujours eu la sympathie de Rembrandt.* (Musée de l'Ermitage.) (Cl. Braun.)

pour ceux que ne conduisent pas les ambitions mesquines et les vaines agitations.

Autour de lui, des élèves, Fabritius, Furnerius et Hoogstraten essaient de saisir le secret du génie et discutent à perte de vue sur la règle essentielle des belles ordonnances ou sur « la hiérarchie des choses nobles de la nature. » Hoogstraten surtout accable le maître de questions et lui demande sans cesse le pourquoi et le comment. Mais Rembrandt, qui ne fut jamais grand discoureur, lui répond : « Tâche d'abord d'exécuter convenablement ce que tu as déjà compris ; il sera temps ensuite d'approfondir ce qui t'est encore caché aujourd'hui ».

C'est du moins ce qu'a noté Hoogstraten, mais il est permis de penser que le jeune esthète a allongé la sauce et qu'on lui a répondu plus succinctement : « Tais-toi, et travaille ! »

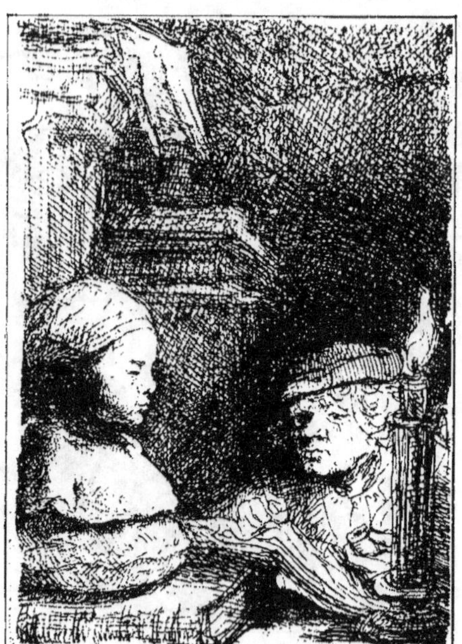

LE DESSINATEUR (Eau-forte, vers 1641). ⌀ *L'observation passionnée du modèle, tel est le grand secret de l'œuvre d'art.* (Bibl. Nat.) (Cl. Hachette.)

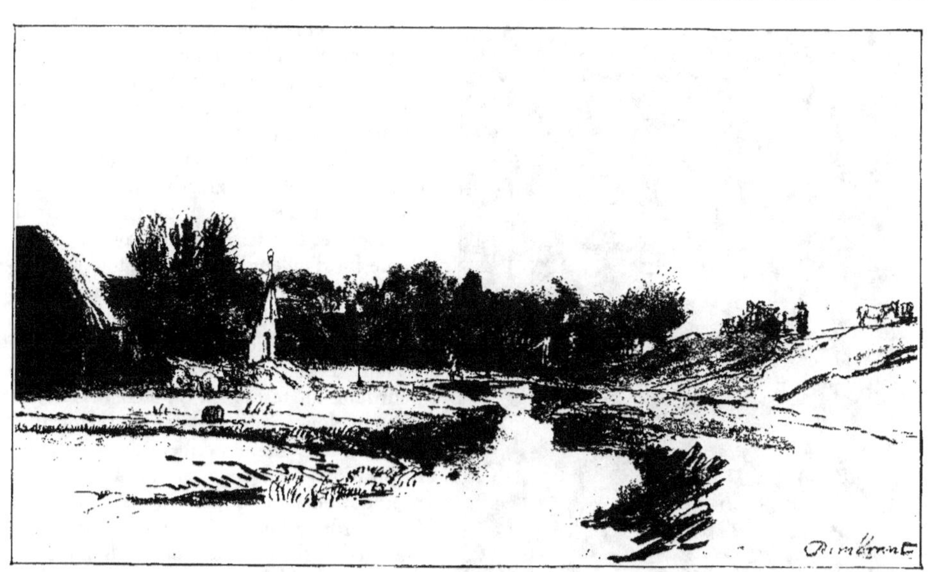

PAYSAGE DE HOLLANDE (Dessin à la plume, relevé de sépia et d'encre de Chine). *Un ruisseau creuse son sillon dans la plaine, sous la sérénité d'un grand ciel.* (British Museum, Londres.) (D'après Editions Amsler Ruthardt, à Berlin, Bibl. Nat.) (Cl. Hachette.)

CHAPITRE IV

LES DERNIÈRES ANNÉES

L'HÉRITAGE DE TITUS. Rembrandt n'avait pas laissé engloutir seulement sa propre fortune dans sa déconfiture. Il avait failli à la mission que lui avait léguée Saskia et compromis les biens mêmes de Titus.

C'est l'enfant qui était, en effet, l'unique héritier de la fortune maternelle. Lorsque Saskia, à quelques jours de sa mort, avait dicté au notaire ses dernières volontés, elle avait laissé à Rembrandt le plein usufruit de sa succession, à la seule condition qu'il ne se remariât pas. Elle lui confiait la tutelle de leur fils et en excluait formellement la Chambre des orphelins. Rembrandt était dispensé de faire dresser aucun inventaire, de donner caution ou de rendre compte à quiconque, « la testatrice ayant confiance qu'il exécuterait consciencieusement ses dernières volontés et administrerait sa succession au mieux des intérêts du mineur. »

La faillite de Rembrandt rendit ses pouvoirs à la Chambre des orphelins. Jan Verwout, qui fut d'abord désigné comme tuteur, s'acquitta assez mollement de ses fonctions. Il fut avantageusement remplacé, en avril 1658, par Louys Crayers.

Le nouveau tuteur revendiqua alors énergiquement l'hypothèque légale en faveur de Titus et fit saisie-arrêt sur les produits de la vente.

Mais les affaires étaient assez mal engagées. Cornelis Witsen, qui avait été, comme de juste, le premier servi, s'était déjà remboursé du montant intégral de sa créance. On ne put empêcher Van Hertsbeeck et les héritiers Thijsz de mettre la main sur le reste.

Avec cela, Rembrandt, fort des volontés parfaitement illégales de Saskia, s'était longtemps refusé à faire un inventaire. Celui qu'il avait établi, sur l'insistance des parents de sa femme, datait de plusieurs années après la mort de celle-ci et était donc sujet à caution. Il attribuait aux biens de la communauté une valeur de 40 750 florins.

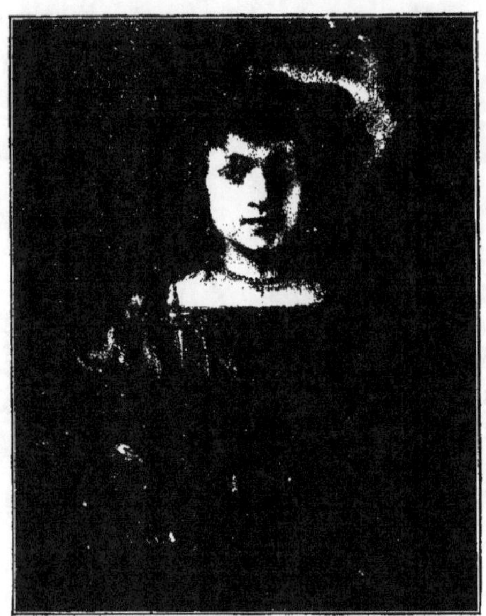

TITUS VAN RYN, LES MAINS PASSÉES DANS LA CEINTURE (Peinture, 1655). *L'enfant a treize ou quatorze ans. C'est en lui que le père a mis désormais sa coquetterie.* (Collection B. Altmann New-York, Paris.) (Cl. Braun.)

A l'appui de ce chiffre, le tuteur s'efforça de recueillir de nombreux témoignages. Des marchands, des experts apportèrent leurs souvenirs et leurs estimations sur les richesses passées du ménage. D'anciens clients vinrent rappeler les prix élevés autrefois payés pour les toiles du peintre. Nous avons utilisé en temps voulu ces précieux renseignements. Le tribunal des syndics y attacha quelque crédit : il arrêta, le 5 mai 1660, qu'Isaak van Herts-beeck devait rendre à Titus les 4 200 florins qu'il s'était adjugés. Il ne fallut ensuite que cinq années de nouveaux procès pour venir à bout de l'usurier.

Ce n'est certainement pas faute de tendresse paternelle que Rembrandt avait été un administrateur aussi négligent. Son œil impitoyable ne s'adoucit jamais autant que lorsqu'il regarde son fils, et si jamais il s'est efforcé vers l'aimable et le joli, c'est lorsqu'il peint son gracieux visage de fillette, qu'encadrent des boucles de cheveux châtains. Quand l'enfant atteint ses quatorze ans, en 1655, il nous apparaît, avec sa guimpe de dentelle, sa toque crénelée à plume blanche et les grosses perles qui pendent à ses oreilles, comme un véritable prince charmant.

Naturellement, le grand homme n'avait pas conçu pour son fils d'autre destinée que la peinture. Mais il n'était pas facile d'être quelqu'un auprès de lui, et, de fait, il ne reste pas une toile ou une gravure auxquelles Titus ait attaché son nom. Comme il arrive souvent pour les enfants des grands artistes, il eut sans doute, avec des dons et du goût, une ardeur médiocre et une faible personnalité.

Ce fut d'ailleurs une jolie nature, à en juger par la bonne harmonie qui règne dans la maison en ces temps difficiles.

Le 20 octobre 1657, Titus, alors âgé de 16 ans, se présente devant le notaire Spithof pour faire un testament qu'il confirma et compléta quelques jours plus tard. Il institue sa demi-sœur Cornélia héritière universelle et les dispositions qu'il prend en faveur de son père reproduisent mot pour mot celles qui ont failli lui faire perdre à lui-même la totalité de l'héritage maternel. Rembrandt jouira librement des revenus aussi longtemps qu'il vivra ; il pourra même prendre sur le capital s'il en a besoin, Titus se fie à lui pour agir selon le devoir. Il lui demande seulement que rien de sa fortune n'aille aux créanciers. Si Rembrandt meurt, les revenus de l'héritage seront partagés entre Cornélia et Hendrickje, à charge pour cette dernière de ne pas se remarier.

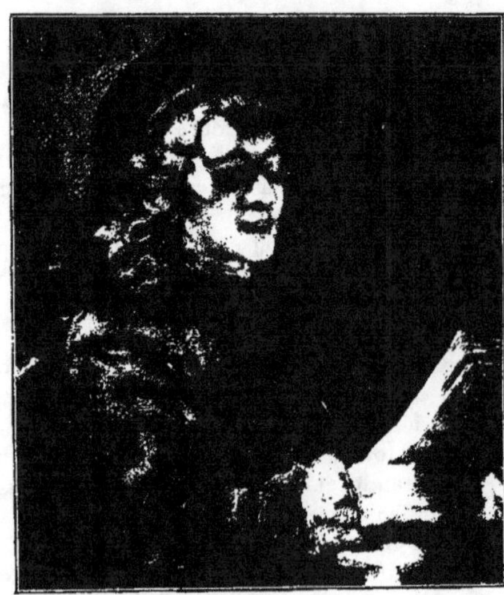

TITUS LISANT (Peinture, vers 1657). *A cette date les créanciers se disputent tous les biens que Saskia avait laissés à l'enfant.* (Musée de Vienne.) (Cl. Braun.)

TITUS ET HENDRICKJE. ✍ ✍ Ceci n'est pas l'acte irréfléchi d'un enfant docile aux suggestions paternelles. Trois ans plus tard, nous le voyons affectueusement ligué avec Hendrickje pour mettre le grand artiste à l'abri de ses créanciers et pour assurer la sécurité à ses vieux jours.

Le 15 décembre 1660, en effet, le jeune homme passe contrat avec Hendrickje pour exercer le commerce de tableaux, dessins, gravures sur cuivre et sur bois, curiosités et tout ce qui s'y rapporte, y compris l'impression des estampes. Ils déclarent régulariser ainsi une situation qui existe en fait depuis deux ans. Le ménage, les meubles, œuvres d'art et bibelots ont été et sont à frais communs. Tous les biens présents et futurs sont en communauté. Les gains et pertes seront partagés par moitié.

« Mais comme ils ont besoin de quelqu'un pour les aider dans leur commerce et que personne n'est plus capable sous ce rapport que Rembrandt », celui-ci les aidera en tout. Il recevra gratuitement le logement et la nourriture. Il n'aura aucune part aux affaires. Il ne jouera qu'un rôle d'expert. Tout ce qu'il acquerra appartiendra à la communauté au

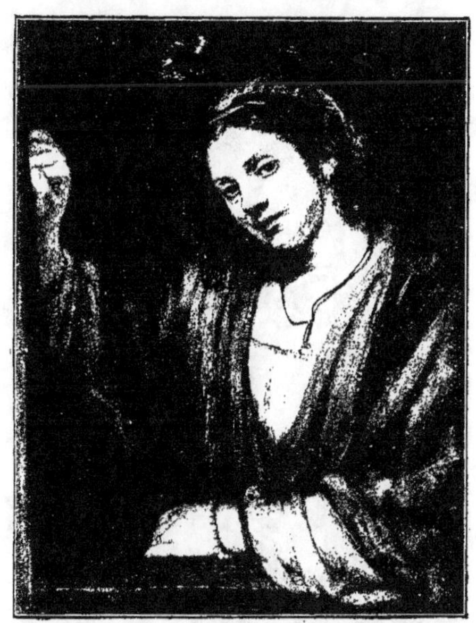

Hendrickje Stoffels a sa fenêtre (Peinture, vers 1659). ✍ *Elle a environ trente ans. Elle s'est affectueusement liguée avec Titus pour mettre Rembrandt à l'abri des tracas et des besoins.* (Musée de Berlin.)

même titre que les collections et objets actuels.

Rembrandt assiste au contrat auprès de son fils. Mais c'est le père qui se trouve maintenant en tutelle. « Comme il a fait banqueroute et a dû abandonner tout ce qu'il possédait, il a fallu l'aider et il reconnaît avoir reçu de Titus 950 florins et d'Hendrickje 800 florins, somme qu'il rendra *aussitôt qu'il pourra de nouveau gagner quelque chose par son pinceau.* Tous ses tableaux futurs sont donnés en garantie. »

Si l'on ne semble plus guère compter sur les revenus du travail de l'artiste, ce n'est pas que ses œuvres aient perdu toute valeur marchande. Le 30 août 1660, un certain Adrien Banck revend 560 florins une *Suzanne* qu'il avait achetée 500 florins treize ans auparant. Un tel chiffre est, il est vrai, exceptionnel dès cette époque ; mais si, malgré les précautions tutélaires de Titus et d'Hendrickje, les embarras ne prennent jamais fin et c'est surtout parce que l'artiste n'a pas changé et se montre plus rétif que jamais devant les commandes et les travaux alimentaires. Il y a un moyen sûr pour l'empêcher de mener une œuvre à sa fin : c'est de lui en imposer la livraison par un contrat en bonne et due forme.

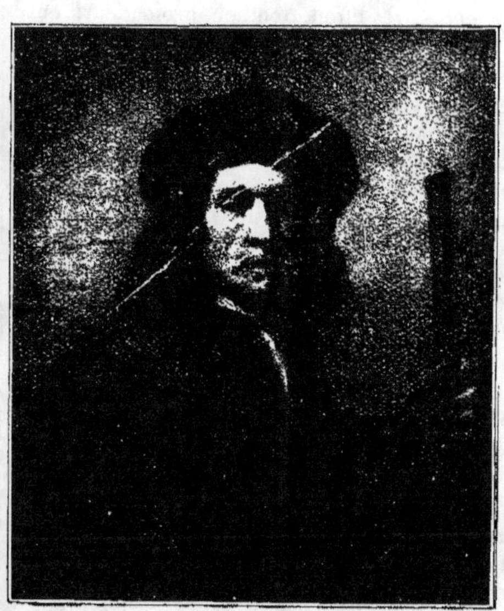

L'Homme au baton (Peinture, 1657). ✍ *Cet inconnu a plus d'admirateurs que maint homme célèbre, car il n'existe pas de portrait plus vivant et plus mâle.* (Musée du Louvre.) (Cl. Hachette.)

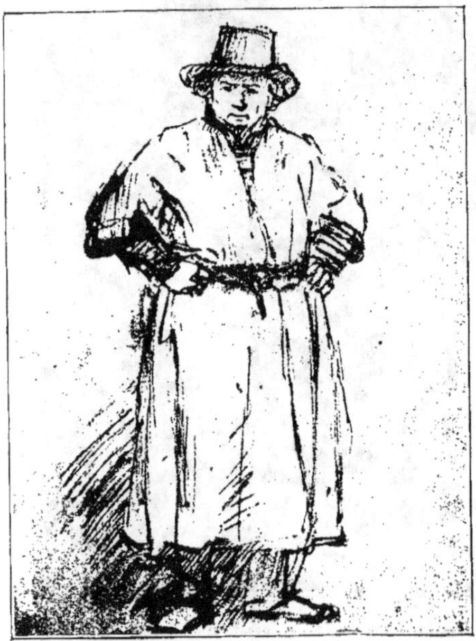

REMBRANDT EN COSTUME DE TRAVAIL (Dessin à la plume).
*⌀ Quelques traits jetés sur le papier, et nous avons devant
nous le maître en personne.* (D'après Editions Amsler
Ruthardt, Berlin. (Cl. Hachette.)

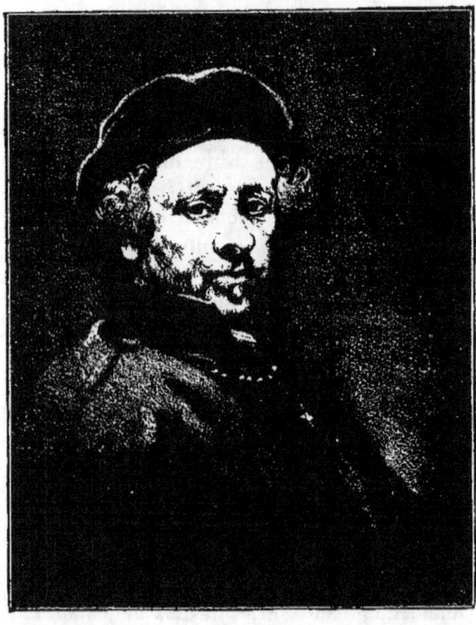

REMBRANDT AUX CHEVEUX GRIS (Peinture, 1659). *⌀
Désormais il cherche non les honneurs, mais la liberté.*
(Bridgewater Gallery, Londres.) (Cl. Rischgitz.)

R EMBRANDT DANS LA GÊNE. LES SYNDICS DES DRAPIERS.

⌀ ⌀ Le 27 octobre 1662, la gêne
est si grande que Rembrandt vend la sépulture
autrefois acquise pour Saskia à la Oudekerk.

Il faudrait avoir la place de raconter, dans
toutes leurs misérables péripéties, les difficultés
au milieu desquelles l'artiste continue son
œuvre : promesses de travaux arrachées et
non tenues, compromis, emprunts et combinaisons, procès et arbitrages, chefs-d'œuvre mis en
gage chez les usuriers.

Rembrandt n'avait plus à cette date l'aide
de la bonne Hendrickje. Elle avait disparu,
sans bruit, à sa manière. Se sentant malade,
le 7 août 1661, elle avait à son tour dicté un
testament d'une admirable équité et plein d'une
égale sollicitude pour Cornélia, pour Titus et
pour leur père.

Une dernière fois, dans un acte notarié du
20 octobre 1661, le nom d'Hendrickje repa-
raît encore. Elle y porte le titre de femme de
Rembrandt, auquel elle avait tous les droits,
sinon légaux. Et le silence s'étend désormais
sur la bonne compagne des mauvais jours.

Peu après sa déconfiture, Rembrandt avait
transporté son foyer sur le Rozengracht. Il y
était locataire, pour 225 florins par an, d'un
immeuble très étroit, tout en profondeur, en
face d'une sorte de jardin-casino, dit « le
Labyrinthe ».

Là ou ailleurs, qu'importe ? A peine debout,
il est déjà à son chevalet, vêtu à la hâte d'une
blouse sordide, où, dans la fureur de l'inspi-
ration, il essuie à même ses pinceaux, au grand
scandale des rares visiteurs. Il s'interrompt à
peine aux heures des repas pour manger, sur
le pouce, un morceau de fromage ou un hareng
saur, car il veut profiter en avare de tous les
instants de la lumière du ciel.

Il faut le voir dans ses derniers portraits, surtout dans l'inoubliable toile du Louvre de 1660:
les vêtements souillés de couleur, vieilli avant
l'âge, les chairs bouffies, les cheveux blancs
s'échappant en désordre du vieux foulard qui
les enferme, la bouche un peu amère, avec
cependant quelque chose de détendu, d'apaisé,
et ce regard, déjà usé, où luit la sérénité du
croyant qui a touché la vérité du doigt.

Il sait bien, le grand homme, qu'il marche
désormais seul. On compte ses partisans, comme
ce Jeremias van Decker, qui, en 1667, exprime
sa reconnaissance pour un portrait, en une apo-

logie vengeresse, où il met Rembrandt au-dessus de Raphaël et de Michel-Ange : « Que
ne puis-je, dit le poète, célébrer dignement ton
esprit cultivé et montrer à tous les yeux, *en
dépit de l'envie, cette bête infâme*, ton art
ingénieux ! »

Contre la bête infâme, Rembrandt s'était
défendu à sa manière, hautaine et silencieuse,
par une simple allégorie gravée : un oison
stupide y triomphe, glorifié par les trompettes
sonores de la Renommée, tandis que le Génie
est renversé à ses pieds.

Son génie n'était pas encore abattu. Plus
d'une fois, dans ces dernières années, il éclate
en d'immortels chefs-d'œuvre. Une fois
même, contre sa coutume, il a entrepris une
grande commande, bien résolu à se montrer
plus sage encore que dans *la Leçon d'Anatomie*, triomphe de sa jeunesse, plus grand et
plus fort que dans *la Ronde de Nuit*, début
de sa maturité orageuse.

C'est en 1661 qu'est exposée dans la
Chambre des contrôleurs et plombeurs du drap,
au Staalhof, cette toile célèbre sous le titre :
les Syndics des Drapiers. Il avait accepté le
thème le plus ordinaire de ces sortes de compositions et représenté les administrateurs grou-
pés autour d'une table pour la vérification des
comptes.

Il n'a pas inscrit sur la toile, comme l'avait
fait soixante ans plus tôt, un de ses prédécesseurs, Aert Pietersen, les belles maximes de la
corporation : « Conformez-vous à votre serment,
pour les choses dont vous êtes certain ; vivez
honnêtement ; ne rendez pas de jugement par
faveur, par haine et par intérêt personnel ».
Mais il a peint la dignité bourgeoise en traits
impérissables. Sauf un heureux parti de perspective, qui élève le groupe au-dessus de l'œil
du spectateur et lui donne une discrète grandeur,
il n'y a rien à noter que six portraits conduits
et coordonnés avec une simplicité et une force
sans égales. Il n'y a pas au monde d'œuvre
plus saine, plus sobre, plus robuste, d'un style
plus magistral.

Mais manifestement déjà, à cette époque, la
vue baisse. L'artiste a dû renoncer à l'eau-forte.
Sa peinture même deviendra, par instant, un
peu lourde. La lassitude se devine. La vieillesse fait peu à peu son œuvre.

Relevons un dernier éclair, le *Saül* de
1665, parce qu'il nous semble y lire une poi-
gnante confidence. La peinture est d'un éclat

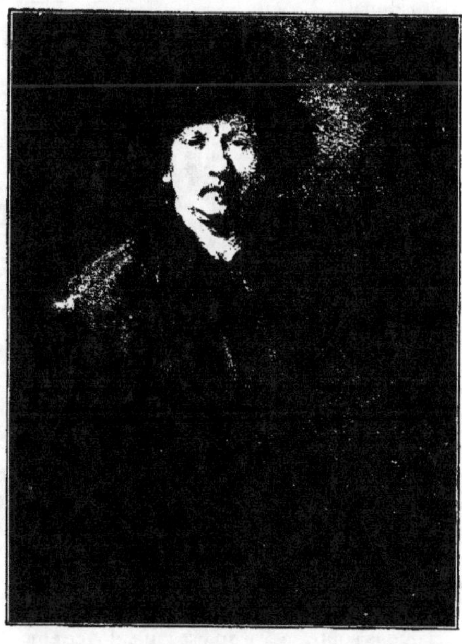

REMBRANDT, LES MAINS PASSÉES DANS LA CEINTURE (Peinture, vers 1657). *⌂ C'est une de ses attitudes favorites,
assez peu encourageante pour le visiteur importun.* (Musée
de Vienne.)

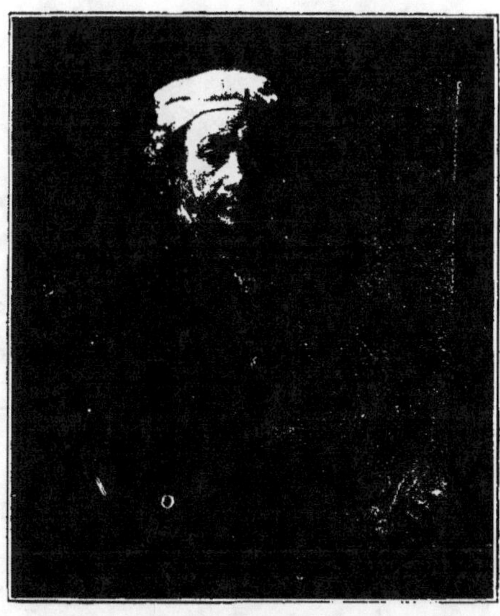

REMBRANDT DEVANT SON CHEVALET (Peinture, 1660). *⌂
L'âge, les déceptions et les tracas, n'ont pas fait fléchir sa
foi opiniâtre. L'homme est déjà une ruine. Le génie est à
son apogée.* (Musée du Louvre.) (Cl. Hachette.)

extraordinaire. Ceux qui accusent Rembrandt de n'être pas coloriste n'ont pas vu cette somptueuse nature morte, qu'est le turban du principal personnage, avec ses bandes rouges, orangées, bleu turquoise, vert clair, brodées d'un or triomphant. Mais ces qualités plastiques s'effacent devant le pathétique de la scène, où l'artiste a laissé parler l'agitation de son propre cœur. Le vieux roi est dans un de ses accès de chagrin et de folie. A ses pieds, le jeune David fait entendre le son pur de sa harpe. Et voici que la souffrance s'apaise ; une douce émotion pénètre l'esprit du dément, et, dans un geste où le sublime côtoie le terre-à-terre, il saisit une draperie qui se trouve à sa portée, voile à demi son visage et essuie une larme.

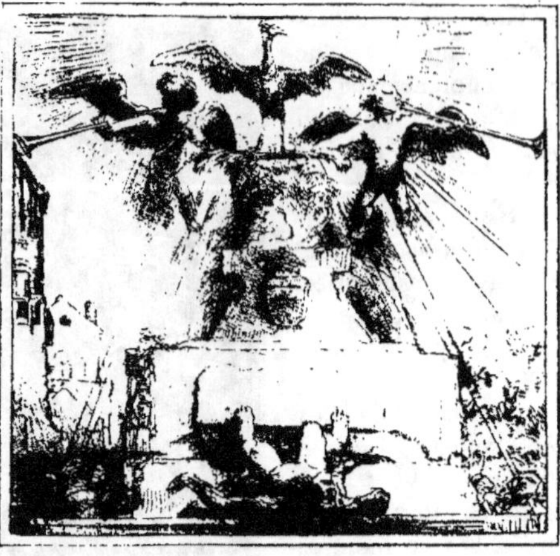

Le Phénix (Eau-forte, 1658). ☙ *Allégorie vengeresse ; un oison a usurpé la place du Génie ; les trompettes de la publicité chantent ce triste haut fait et sa gloire factice éblouit les badauds.* (Bibl. Nat.) (Cl. Hachette.)

LA DERNIÈRE ÉPREUVE.

☙ ☙ Les consolations que la jeunesse mettait encore autour du vieux peintre allaient bientôt se changer en nouveaux chagrins. C'est Titus qui était devenu le véritable chef de famille. Le 19 juin 1665, avec l'appui du bourgmestre d'Amsterdam et de divers notables, il avait obtenu, par anticipation, des États de Hollande le droit d'administrer sa fortune comme s'il avait eu ses vingt-cinq ans et s'il eût été libre de toute tutelle. Plus d'une fois, il était intervenu, de ses biens, au secours de son père.

En février 1668, le jeune homme, âgé de 27 ans épousa Magdalena van Loo, dont la mère Anna Huybrechts, avait eu autrefois son portrait peint par Rembrandt. Quelques mois plus tard, le jeune ménage se réjouissait de la naissance d'un enfant, quand Rembrandt connut la plus affreuse torture qu'un cœur d'homme puisse supporter. Titus mourait en pleine jeunesse et, le 7 septembre 1668, à la Westerkerk le peintre conduisait le corps de son cher enfant.

La petite Titia naquit le 22 mars 1669. Avec la jeune maman qui ne devait la connaître que bien peu de temps, puisqu'elle mourut six mois plus tard, il ne restait encore auprès de Rembrandt que la fille d'Hendrickje, Cornélia, alors âgée de 15 ans.

Mais le vieux lutteur était épuisé. Il ne dépassa pas la soixante-troisième année. Et le plus grand artiste peut-être qui ait jamais existé quitta ce monde sans que sa disparition ait éveillé le moindre écho. Tout ce que nous ont laissé les documents contemporains, ce sont les deux lignes placides du registre mortuaire de la Westerkerk : « *Mardi, 8 octobre 1669 : Rembrandt van Ryn, peintre, sur le Roosegraft, vis-à-vis le Doelhof. Laisse deux enfants.* »

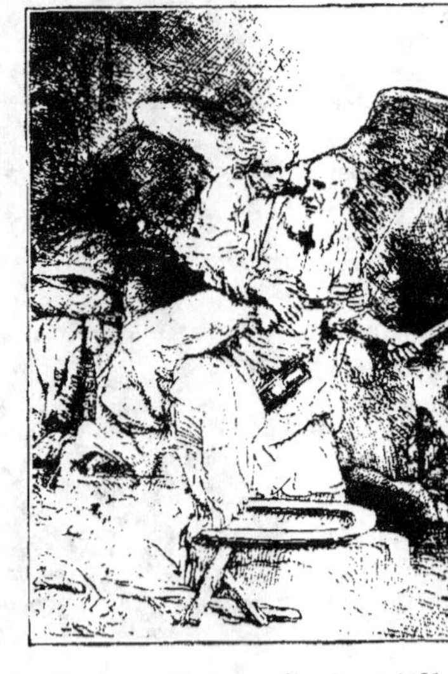

Le Sacrifice d'Abraham (Eau-forte, 1655. ☙ *C'est un thème cher à Rembrandt : Le conflit du devoir et de la tendresse. Voir plus haut la peinture, page 20.* (Bibl. Nat.) (Cl. Hachette.)

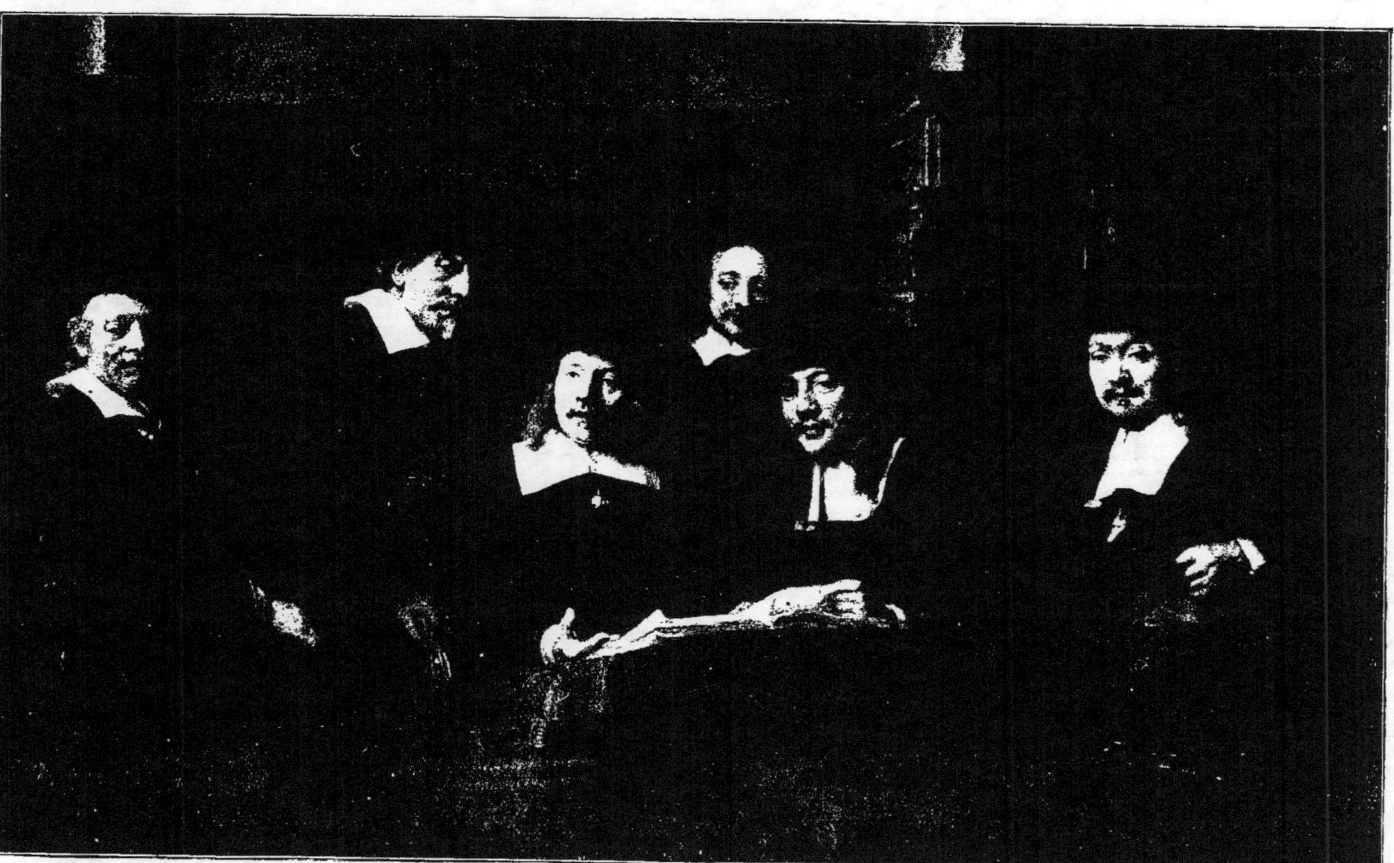

Les Syndics des Drapiers (Peinture, 1661). ☞ *Six portraits de grandeur naturelle, équilibrés avec une magistrale pondération, un sens ardent de la vie et de la lumière, qui s'exprime avec la plus forte simplicité. C'est, selon le mot de Fromentin, le Rembrandt définitif.* (Musée d'Amsterdam.) (Cl. Hanfstaengl.)

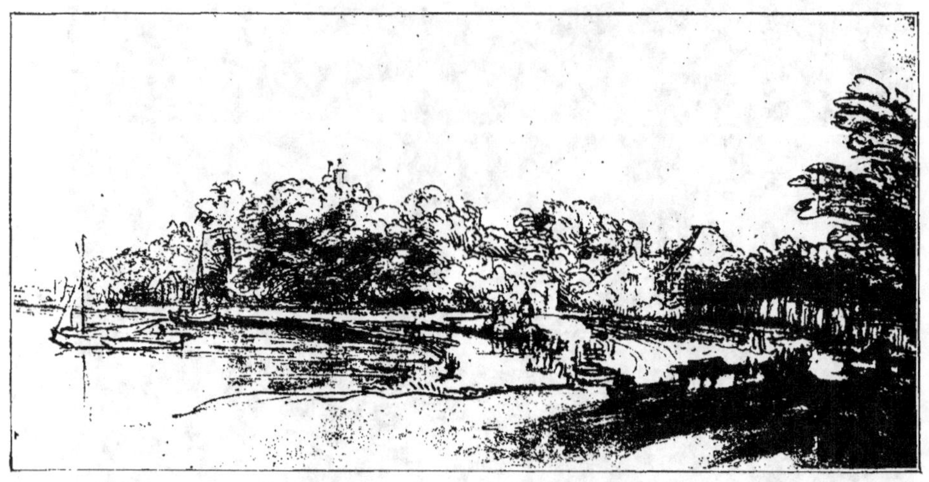

Chemin au bord de l'eau (Dessin à la plume, lavé de sépia et d'encre de Chine). 🜂 *Collection du duc de Devonshire à Chatsworth.* (D'après Éditions Amsler Ruthardt, à Berlin.) (Cl. Hachette.)

CHAPITRE V

L'HEURE DE REMBRANDT

LES CRITIQUES DU XVIIe ET DU XVIIIe SIÈCLE. 🜂 🜂 Dans ses *Réflexions critiques sur les différentes écoles de peinture*, le marquis d'Argens en 1752, ayant eu la singulière idée d'opposer Rembrandt à de Troy, accablait de critiques le maître hollandais et concluait : « De Troy a donné une preuve qu'il avait un très beau génie, et bien au-dessus, pour l'Allégorie et la partie de la Peinture, de celui de Rembrandt. »

Evidemment le marquis en question n'est pas une lumière, mais dans les écrits les mieux inspirés de cette époque, on ne trouverait pas un éloge qui ne soit aussitôt suivi de prudentes réserves. La doctrine qui règne alors est d'une unité si remarquable que l'énoncé successif des différentes opinions serait d'une fastidieuse monotonie et qu'on nous permettra de les présenter en bloc sans souci des variations individuelles.

Il est entendu, avant tout, que, sur un point, Rembrandt égale Holbein, Titien et Raphaël : on reconnaît volontiers, avec Roger de Piles (1699) qu'il a fait « quantité de portraits d'une force, d'une naïveté et d'une vérité surprenantes, qui, bien loin de craindre la comparai-

son d'aucun peintre, mettent souvent à bas par leur présence ceux des plus grands maîtres ».

Il y a unanimité aussi à admettre qu'il joue avec un art parfait des *combinaisons de la lumière et de l'ombre*, qu'il connaît à fond la science des reflets, en un mot qu'il possède *une suprême intelligence du clair-obscur*.

On est plus touché enfin qu'on ne pourrait s'y attendre de la richesse et du pittoresque de ses inventions, de sa faculté d'émouvoir et de son naturel, qui font de lui *le peintre de l'âme* par excellence. On parle déjà de sa *mystérieuse puissance* et de sa *magie*.

Rembrandt est admirablement doué, soit ! Il a possédé au plus haut degré les *qualités innées*, les *talents naturels*, qui font l'artiste. Mais hélas, le *génie* ne suffit pas, il faut *l'éducation* et celle de Rembrandt apparaît à tous comme déplorablement insuffisante.

C'est un *Flamand*, un *Batave* incorrigible, dit encore de Piles, « et parce qu'avec le lait, il avoit sucé le goût de son païs, qu'il avoit été élevé dans une vüe continuelle d'un naturel pesant et qu'il avoit connu trop tard une vérité plus parfaite que celle qu'il avoit toujours pratiquée, ses productions se tournèrent du côté

— — 54 — —

de son habitude, malgré les bonnes semences qui étoient dans son esprit. Aussi on ne verra point dans Rembrandt ni le goût de Raphaël, ni celui de l'Antique, ni pensées poétiques, ni élégance de dessin. »

Voilà l'éternel reproche. Art puissant, sans doute, mais art de croquant. On cite avec tristesse ses inventions naturalistes (spécialement certain chien du Saint-Jean-Baptiste, qui n'a jamais existé que dans l'imagination de Hoogstraten). On s'afflige devant ses académies, brodant indéfiniment sur le commentaire d'Andries Pels (1681) : «Au lieu de prendre pour modèle la Vénus grecque, il a été chercher une blanchisseuse ou une fouleuse de tourbe. Oui ! des seins flasques, des mains déformées, voire même les plis du corsage autour des reins et ceux des jarretières sur la jambe, il copia tout ! »

Et s'il manque au *bon goût*, qui s'apprend dans les belles fréquentations, il ne pèche pas moins contre les *Règles*, qui s'apprennent dans les Académies : il trahit constamment l'*Anatomie*, la *Proportion*, la *Perspective* ; il est même *incertain dans son dessein*, et c'est pour esquiver les difficultés qu'il noie ses fonds dans l'ombre! Bien en-

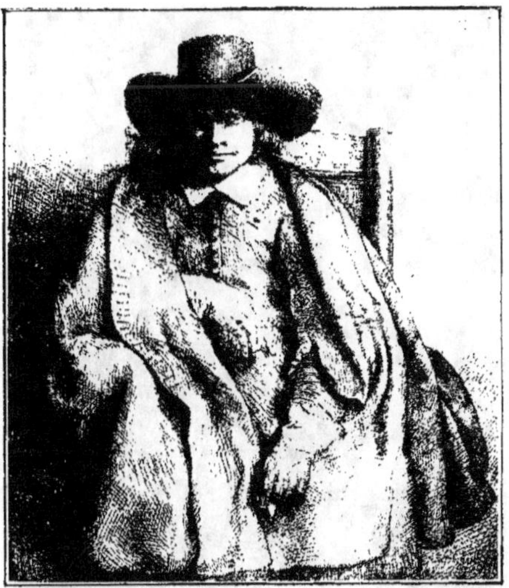

CLÉMENT DE JONGHE (Eau-forte, 1651). ⌀ *Ce portrait, d'une si ferme concision, est celui d'un célèbre éditeur d'Amsterdam, qui faisait commerce de curiosités. Sa collection était riche en gravures de Rembrandt.* (Bibl. Nat.) (Cl. Hachette.)

tendu, il manque aussi de respect à l'*Histoire* et il se permet, au mépris des érudits, de représenter Marthe « faisant cuire des gâteaux dans une poêle de Liège, devant une cheminée hollandaise ! »

Sur un seul point, les avis sont partagés. Les plus libéraux, après avoir évoqué les grands noms de Titien et de Van Dyck, ne craignent pas de proclamer Rembrandt le *roi du coloris*. A l'analyse perspicace que de Piles donne de ses procédés il n'y a rien à ajouter, sinon ces mots du peintre Antoine Coypel : « Les ouvrages de Rembrandt qui paraissent les plus touchés et même les plus brusqués sont d'une recherche infinie et sont peints avec autant de suavité ou de rondeur que ceux du Corrège, où l'on n'aperçoit aucune touche. »

Mais les Poussinistes ne lui pardonnent pas son indifférence pour le lisse et le poli. On a beau leur rappeler qu'il a répondu avec humeur : « Je suis peintre et non teinturier ! » ils tiennent pour suspectes ces toiles qui, « à une distance proportionnée font bon effet », mais qui, de près, laissent voir « toutes les teintes séparées et les coups de pinceau marquez d'une épaisseur de couleur si extraordinaire qu'un visage paroit

JAN LUTMA (Eau-forte, 1656). ⌀ *Orfèvre, ciseleur et ornemaniste réputé. Son portrait est d'une souplesse et d'une dextérité dignes de cet habile praticien, qui était aussi grand amateur d'estampes.* (Bibl. Nat.) (Cl. Hachette.)

avoir quelque chose d'affreux. » (Félibien, 1684). Et de Lairesse, qui, dans son jeune temps, a eu l'imprudence de croire Rembrandt, « incomparable dans la couleur, la lumière, le naturel et l'originalité », vient à des goûts plus distingués en 1714 et dit de la couleur du peintre : « elle est trop rousse ; les ombres sont trop chaudes ; elle coule comme de la boue. »

L'ASCENSION DES PRIX.

Toutes les étroitesses des gens du monde, toutes les chicanes des théoriciens n'empêchent pas les œuvres de Rembrandt de conquérir, pas à pas, la place qui leur revient. C'est ce que l'on constate pour peu que l'on suive les prix at-

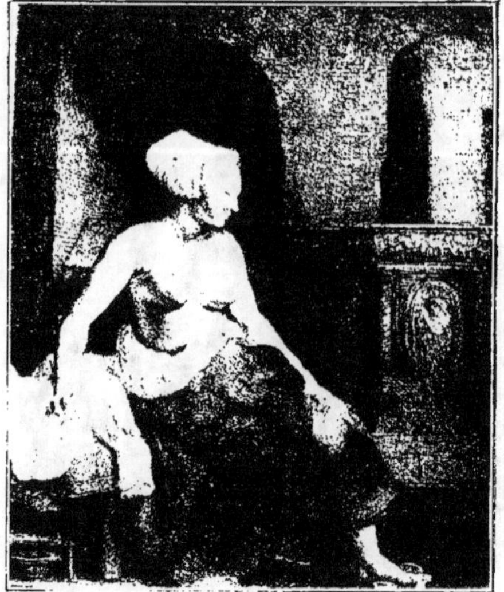

FEMME DEVANT UN POÊLE (Eau-forte, 1658). *C'est un de ces nus qui déconcertaient par leur vigoureuse sincérité les critiques académiques, et que nous admirons aujourd'hui pour les mêmes raisons. (Bibl. Nat.) (Cl. Hachette.)*

teints dans les ventes et les inventaires.

Il n'y a de fléchissement sensible que dans le dernier tiers du XVIIᵉ siècle, où il passe parfois bien au-dessous des Wouwermann et des Porcellis. Naguère, constate en 1702 Wybrandt de Geest, petit neveu de l'artiste, « l'ignorance des prétendus connaisseurs était telle à l'égard des œuvres si puissantes et si admirables de l'audacieux Rembrandt que pour six stuiver (12 sous) on pouvait acheter un de ses portraits. Mais peu de temps après, le même tableau se vendait 11 florins, et maintenant il faut en mettre quelques centaines pour acquérir ces fières peintures. »

En 1703, en effet, le peintre Rigaud, sur

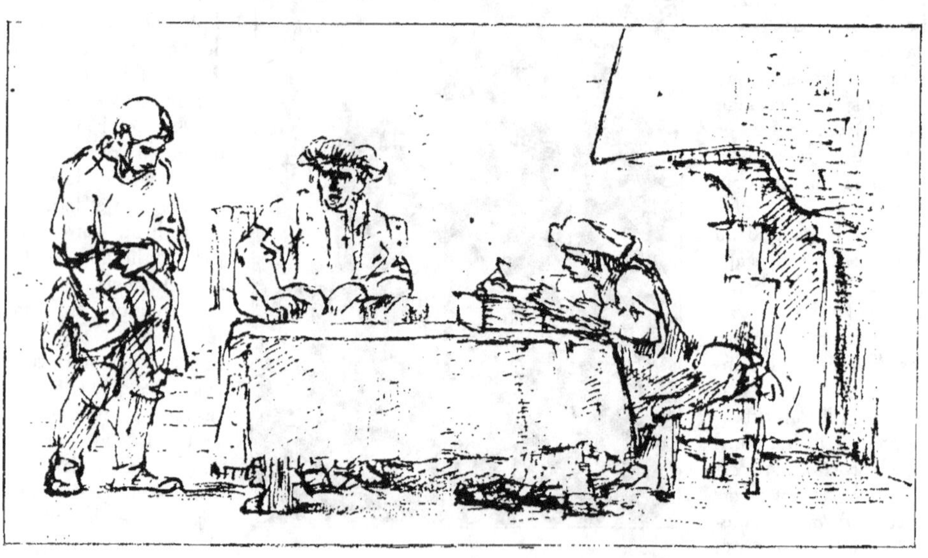

LE BON SERVITEUR RENDANT SES COMPTES (Dessin à la plume.) *Un brin de bambou taillé en sifflet, évidé à la gouge et fendu au canif fournit à l'artiste ce trait ferme et sans maigreur qu'il affectionne. (Musée Bonnat, à Bayonne.) (D'après Éditions Amsler Ruthardt, à Berlin.) (Cl. Hachette.)*

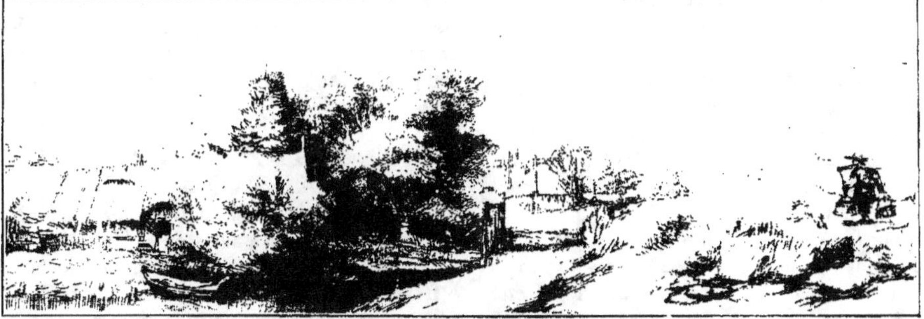

L'Homme au lait (Pointe sèche, vers 1650). *En attaquant directement le cuivre à la pointe, sans intervention d'acide, on obtient des noirs veloutés et des gris délicats. Notre graveur a été des premiers à mettre à profit ce procédé. Il en a fait un emploi fréquent à la fin de sa vie.* (Bibl. Nat.) (Cl. Hachette.)

le point de contracter mariage, rédige un inventaire de ses biens. Nous n'y trouvons pas moins de sept Rembrandt, estimés par leur propriétaire entre 80 et 800 livres. Or, ce dernier chiffre n'est pas dépassé dans sa collection, où figurent pourtant Rubens, Van Dyck Jordaens, Titien, Véronèse et où les propres tableaux de Rigaud sont cotés en moyenne 315 livres.

Louis XIV, en 1709, n'avait qu'un Rembrandt dans son cabinet. Ses successeurs durent déjà payer cher cette sottise. *Le Ménage du Menuisier*, du Louvre, par exemple, montera de 1800 livres (1701) à 5 450 livres (1768) et 17 120 livres (en 1793, en pleine Terreur, à la vente du duc de Choiseul).

Cette ascension des prix est d'une remarquable constance au XVIIIe siècle, mais, malgré tout, les gros chiffres ne sont pas atteints. Nous ne trouvons rien au-dessus de 26 250 fr. prix, payé

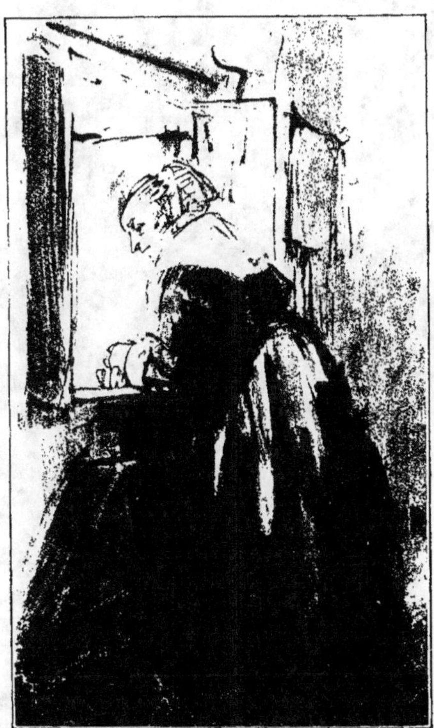

Femme a sa fenêtre (Plume et lavis). *Grâce à la justesse de la tache, le plus rapide des croquis de Rembrandt dit plus qu'un tableau laborieux.* (D'après Éditions Amsler Ruthardt, à Berlin.) (Cl. Hachette.)

en 1792, à la vente du duc d'Orléans, pour le *Berceau* (aujourd'hui dans une collection anglaise). Qu'est cela, si l'on songe aux ventes de la période suivante ? Si l'on veut se faire une idée de la progression des prix au cours du XIXe siecle, il faut suivre, par exemple, *le Doreur* (actuellement à New York), qui vaut 5 000 francs (1802), puis 15 000 francs (1836), puis 26 000 francs (1854), puis 155 000 francs (1865), puis 225 000 francs (1884) et enfin 400 000 francs (1888).

Et même sans aller jusqu'à la période actuelle de chaos monétaire, ce dernier chiffre n'a rien de sensationnel. Il y a longtemps que le million a été dépassé. En 1911, le *Moulin* de la collection de lord Lansdowne a été acquis par l'Amérique pour 2 500 000 francs.

Il en est ainsi des dessins et surtout des estampes. A dire vrai, les critiques qui ont atteint le peintre n'ont à aucune époque entamé la réputation du graveur, Des connaisseurs comme Gersaint ou Mariette ont beau ergoter, Rembrandt est pour eux le roi de l'eau-forte. Et les prix confirment cette royauté. Elle est loin, l'époque où Rembrandt rachetait lui-même ses propres épreuves pour éviter des cours injurieux. Les chiffres de 20, 30 et 100 florins qui avaient fait sensation de son vivant sont bientôt dépassés.

Pour en finir avec cette arithmétique, nous nous contenterons de suivre à travers les ventes une de ses pièces célèbres ; le deuxième état du *Jan Six*. Elle s'élève progressivement à 660 francs (1754), 720 francs (1786), 1 880 francs (1847), 3 500 francs (1853), 5 251 francs (1860), 17 000 francs (1877),

décuplé . en deux cents ans, centuplé. Or, ceci dépasse de très loin la progression normale de ce genre de transactions et il faut bien qu'il se soit produit, au profit de Rembrandt, une évolution profonde du goût,

L'ENTHOUSIASME DES ROMANTIQUES. Ø Ø

Ouvrons les *Observations sur quelques peintres* publiées par Taillasson en 1807, et nous entendrons enfin un nouveau son de cloche : « Beaucoup de gens regrettent qu'un homme si heureusement doué pour la peinture n'ait pas voyagé ; qu'il n'ait pas vu les statues antiques et les grands modèles de l'Italie : il aurait, dit-on, un style plus élevé ; il dessinerait plus

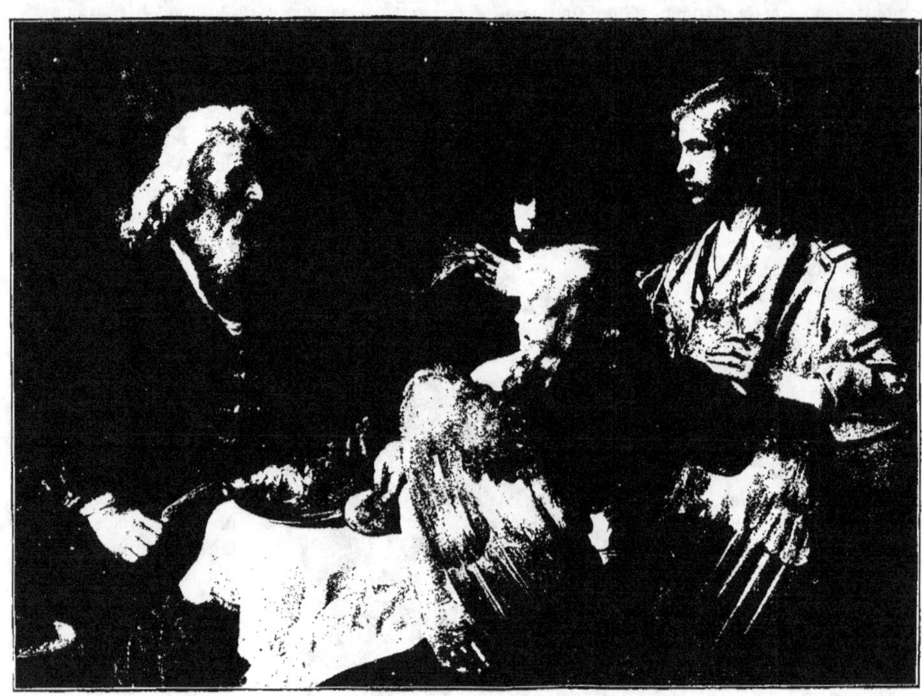

ABRAHAM RECEVANT LES ANGES A SA TABLE (Peinture, vers 1640). Ø *Le patriarche reçoit de ses visiteurs célestes l'annonce de la fécondité de Sara. L'exécution encore un peu fleurie de ce tableau ne permet pas de l'attribuer, comme on l'a fait parfois, à la rude vieillesse du maître.* (Musée de l'Ermitage.) (Cl. Braun.)

72 000 francs (1909) et 77 000 francs sans les frais, en 1912. Que serait-ce du premier état, s'il était à vendre ?

Pour les eaux-fortes, comme pour les dessins et les peintures, on peut dire en général qu'en cent ans (et en francs-or) les prix ont

noblement, plus correctement. En effet, cela n'eut pas manqué d'arriver, et l'on doit cependant être bien aise qu'il n'ait pas quitté la Hollande. Sans doute, il aurait perdu une partie de cette énergie singulière qui lui donne tant d'intérêt : il eut fait des femmes mieux coiffées,

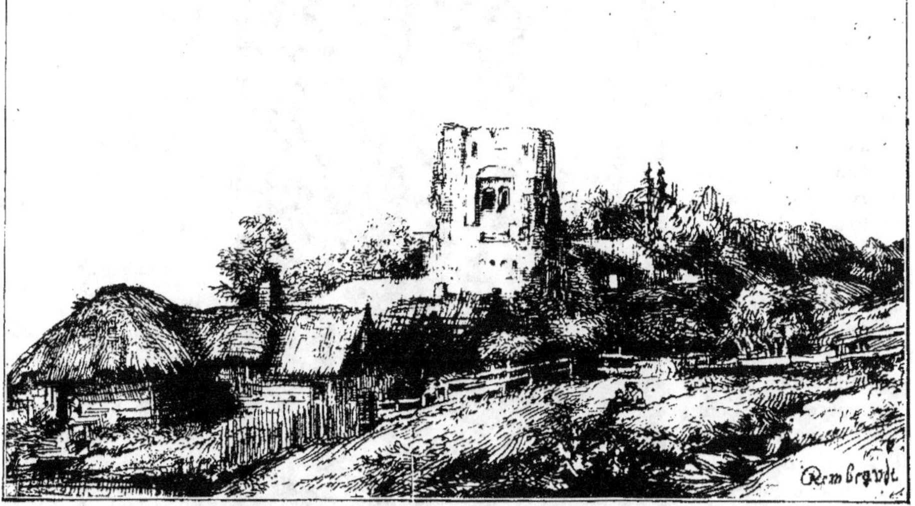

Le Paysage a la tour carrée (Eau-forte, 1650). *Ses planches ont souvent l'apparence de croquis sommaires. Rien n'y manque pourtant, car une entente parfaite des plans et des volumes a précédé l'exécution.* (Bibl. Nat.) (Cl. Hachette.)

peut-être plus jolies, mais il n'eut pas créé un nouveau peuple de magiciens, qui intéressent tous les hommes, comme les contes des sorciers intéressent tous les enfants. »

Encore l'honnête Taillasson esquisse-t-il quelques timides réserves. Nous n'en trouvons pas une dans la page que C. Josi consacre à Rembrandt en 1821. Ici, les anciens reproches se sont nettement transformés en éloges : « Ce rare génie, écrit Josi, s'éleva tout à coup hors du cercle étroit que lui traçaient les règles et les maîtres. » C'est que désormais les fameuses *Règles*, au nom desquelles on humiliait Rembrandt, vont à leur tour connaître les mauvais jours. Tout ce qui compte au XIXe siècle s'applique à les battre en brèche ; l'orthodoxie académique devient une tare, et c'est maintenant un honneur pour Rembrandt, d'avoir été, selon le mot d'un de ses contemporains, *le premier hérétique dans l'art.*

C'est d'abord l'homme lui-même qui a enfin trouvé sa famille. Ce qui choquait les courtisans de l'époque classique, cette fière indépendance, cette dignité ombrageuse, ce mépris de la hiérarchie sociale et de la respectabilité mondaine, n'est-ce pas la formule même du caractère artiste depuis la Révolution, et ne sera-ce pas désormais le premier devoir de tout homme de plume ou de pinceau d' « effarer le bourgeois ? »

Il n'est pas jusqu'à sa conception de la couleur locale et à sa « furieuse manie » du bric-à-brac, qui ne flatte les goûts de notre temps. Est-ce le boudoir d'Albertus ou la maison de la Breestraat que décrit Théophile Gautier ?

Laques, pots du Japon, magots et porcelaines,
Pagodes toutes d'or et de clochettes pleines,
Beaux éventails de Chine à décrire trop longs,
Cuchillos, Kriss malais à lames ondulées,
Kandjiars, yataghans aux gaines ciselées,
Arquebuses à mèche, espingoles, tromblons,
Heaumes et corselets, masses d'armes, rondaches,
Faussés, criblés à jour, rouillés, rongés de taches
Mille objets — bons à rien, admirables à voir,
Caftans orientaux, pourpoints du moyen âge,
Rebecs, psaltérions, instruments hors d'usage.
Un antre, un musée, un boudoir.

Charlet ne répète-t-il pas textuellement Rembrandt, quand il donne à copier à ses élèves, en guise d'antiques, des casques et de vieilles armures drapées dans des étoffes de velours et de soie?

Sa technique n'est pas moins moderne. Le griffonnis alerte et cavalier de ses premiers croquis devient la formule du dessin « libre ». La simplification et l'enveloppe des silhouettes dans sa dernière période, la construction obtenue par les contours intérieurs et par la tache, ce sont des axiomes du dessin pour Delacroix, pour Daumier et pour vingt autres. Les empâtements et les reliefs de sa peinture, demandez à Decamps, Diaz, Dupré, Courbet ou Monticelli, s'ils les trouvent lourds et *raboteux ?* La division des tons et la juxtaposition des couleurs franches, que la rétine se charge de fondre à une distance convenable, c'est le dogme de nos impressionnistes et leurs successeurs l'ont poussé jusqu'à l'absurde. Le mépris du *léché* et du *fini*, c'était hier encore le fin du fin de tant de faux grands maîtres, trop heureux de faire prendre sous ce prétexte leurs balbutiements pour des hardiesses et leur ignorance pour du génie.

Il y a bien plus encore pour donner à Rembrandt droit de cité dans notre siècle, c'est sa conception même de la peinture. « Ce qui fait le beau de cette industrie-là, écrivait Delacroix à George Sand, consiste dans des choses que la parole est inhabile à exprimer. » Et l'art de Rembrandt se rencontre avec l'ambition même des poètes romantiques d'éveiller en nous cet émoi mystérieux, que refroidit la langue trop correcte, trop dépouillée, trop intelligible des classiques.

Que reste-t-il des anciens reproches ?

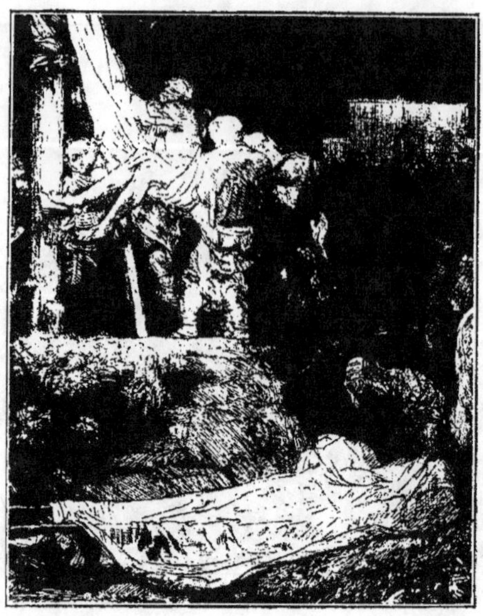

LA DESCENTE DE CROIX AUX FLAMBEAUX (Eau-forte, 1654). ⌀ *C'est la grande manière de Rembrandt. Un style brutal en apparence mais qui exprime le grand drame avec un tact et un respect infinis. (Bibl. Nat.) (Cl. Hachette.)*

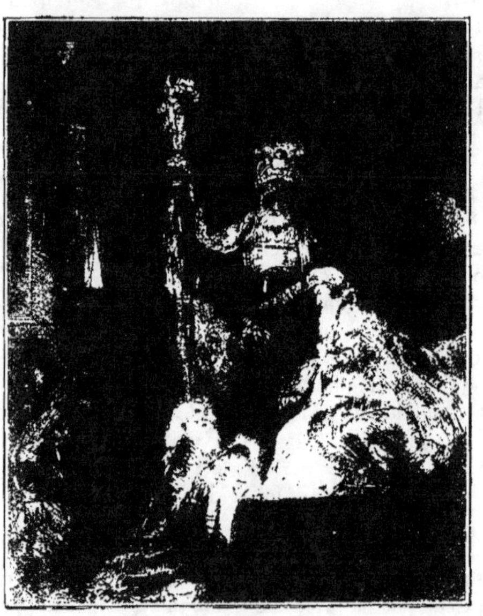

LA PRÉSENTATION AU TEMPLE (Eau-forte, vers 1654). ⌀ *Dans les épreuves originales, les joyaux et les broderies resplendissent dans l'ombre avec un éclat dont aucune reproduction ne saurait donner l'idée. (Bibl. Nat.) (Cl. Hachette.)*

Son ignorance du style noble ? Mais voici que le style noble prête à rire, ou du moins qu'on ne place plus la noblesse dans l'allégorie et les figures de rhétorique, Victor Hugo s'écrie orgueilleusement :

Je massacrai l'albâtre et la neige et l'ivoire
Et j'osai dire au bras : sois blanc, tout simplement.

Son amour excessif pour la nature, même dans ce qu'elle a de laid ? Mais la barrière a été brisée entre le beau et le laid. C'est le triomphe de l'art moderne de faire sortir la poésie de la banalité. La nouvelle école ne hait que ce qui est fade et sans caractère. Bien avant les horreurs réclamières de nos « fauves », bien avant même la génération de Courbet et de Flaubert, de Manet et de Zola, les romantiques n'ont-ils pas proclamé la nécessité d'étayer le sublime sur le trivial, et chanté le contraste

De l'Ugolin sinistre au Grangousier difforme
Près de l'immense deuil montrant le rire énorme ?

On ne s'étonnera donc pas pas qu'au cours du dernier siècle, chez les écrivains comme chez les artistes, l'enthousiasme pour Rembrandt monte en un furieux crescendo.

Théophile Gautier caressait depuis long-

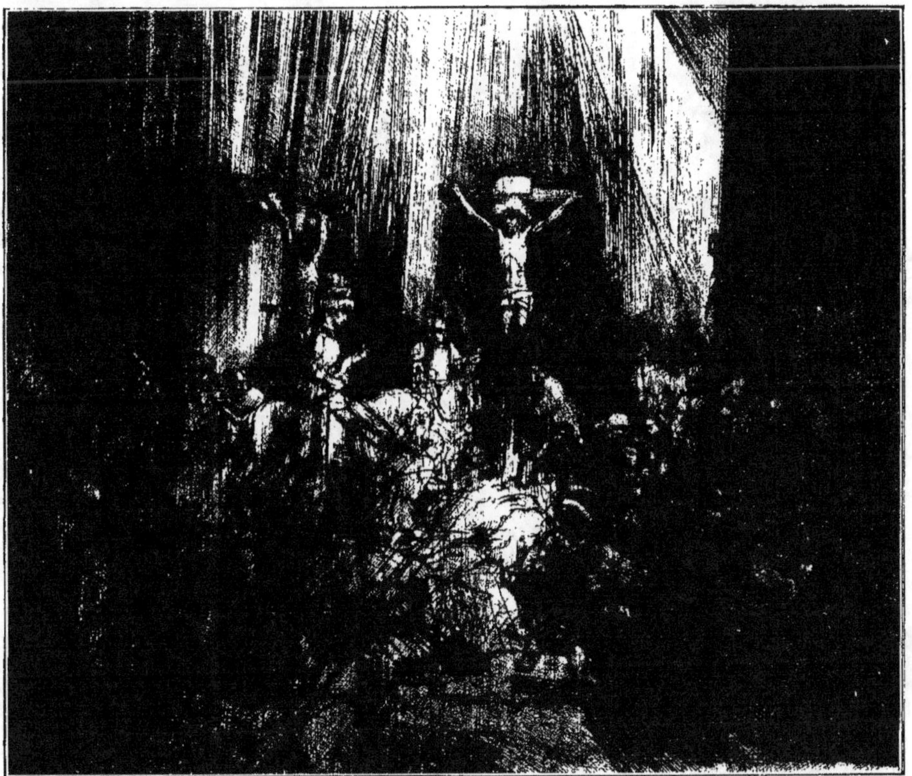

Les Trois Croix (Pointe sèche, 1653). ◙ *C'est la page la plus romantique de Rembrandt. Le conflit de la lumière et des ténèbres y prend un accent sinistre et grandiose. Le graveur a attaqué le cuivre, sans croquis préparatoire, avec un emportement tragique.* (Bibl. Nat.) (Cl. Hachette.)

temps le rêve d'aller rendre visite à *la Ronde de Nuit*, lorsqu'il put enfin, en 1845, partir pour Amsterdam. Il faut lire la truculente description que lui arrache son émoi. Naturellement, il force le caractère « singulier, bizarre, romanesque » de la composition. « L'auteur, dit-il, pousse son originalité même jusqu'à la furie et jusqu'à l'extravagance, sans souci de la critique et du hérissement des bourgeois ; il promène dans le bitume ses ongles de lion avec une férocité inconcevable ; sa crinière s'emmêle et devient de plus en plus fauve et rutilante !... »

Laissons Rembrandt affublé de cette crinière romantique et arrêtons là les citations. Le concours d'hyperboles est ouvert. C'est maintenant à qui lui témoignera de l'admiration la plus éperdue et à qui lui découvrira les mérites les plus insoupçonnés. Suivant la religion de ses critiques, nous trouverions le maître déguisé en disciple de Luther, en peintre du Panthéisme, en Mage, en Antéchrist ou même en Bismarck !

LA LEÇON D'UNE ŒUVRE ET D'UNE VIE. ◙ ◙ D'ailleurs, à côté de ces commentaires bien intentionnés, un monument plus solide s'élevait à la gloire de Rembrandt. Depuis le milieu du XIX" siècle, le zèle et le savoir des érudits nous ont valu une véritable bibliothèque de documents, d'articles, de livres et de recueils qui nous ont fait connaître sur l'homme et sur son œuvre tout ce que l'on en saura probablement jamais, plus, sans nul doute, que — quelques intimes exceptés — n'en ont su les contemporains eux-mêmes. Si bien qu'à ce titre encore Rembrandt

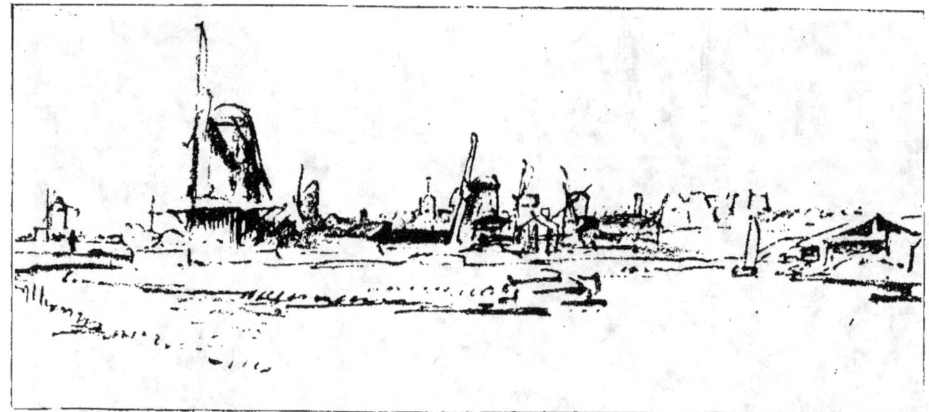

Les Moulins autour d'une ville (Sépia à la plume et au pinceau, ancienne collection Heseltine). ∅ *Page preste et limpide, que des modernes, comme Jongkind ou Claude Monet auraient signée avec joie.* (D'après Éditions Amsler Ruthardt, à Berlin.) (Cl. Hachette.)

appartient à notre temps autant qu'au sien.

Devant la génération d'artistes qui vient d'atteindre la maturité, il occupe une place exceptionnelle. Quand on veut évoquer un grand nom, c'est le sien qui vient tout naturellement aux lèvres. Nous ne comprenons plus la timidité de Delacroix, qui s'excusait d'écrire un blasphème en plaçant le Hollandais au-dessus de Raphaël. Les graveurs surtout en ont fait leur dieu, et, de nos jours, comme de son temps, il y en a plus d'un qui n'existe guère que pour l'avoir habilement pastiché. Ce sont les qualités les plus longtemps méconnues en lui qui nous sont devenues les plus chères. Il éveille en nos cœurs des émotions si intimes et si profondes que chacun a l'illusion d'être seul à le goûter et à le comprendre comme il le mérite.

Certes, Rembrandt est un hollandais, et un hollandais du XVIIᵉ siècle. Nous avons indiqué à l'occasion ce qu'il doit à son temps : son compte débiteur est le même que celui de Lievens — dont rien n'a pourtant survécu à une réussite trop rapide.

La théorie fameuse qui fait de l'œuvre d'art une simple résultante du milieu s'arrête au seuil du véritable problème. Jamais elle ne s'est montrée aussi impuissante que dans le cas présent. La grandeur de Rembrandt est d'avoir rompu avec son milieu, d'être resté sourd à tout ce qui n'était pas son génie, d'avoir continué son chemin, malgré les obstacles et les amertumes, sans s'inquiéter de savoir s'il était suivi et, fort de sa seule conviction, d'avoir attendu avec confiance le jour du jugement.

Jean LARAN.

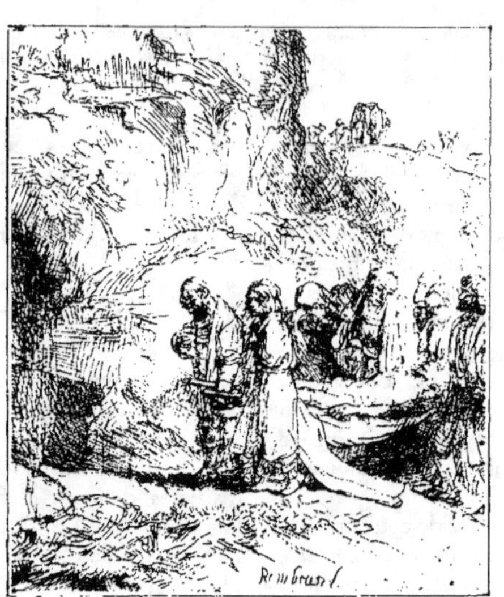

Jésus porté au tombeau (Eau-forte, vers 1646). ∅
(Bibl. Nat.) (Cl. Hachette.)

BIBLIOGRAPHIE

I. — Premières biographies et critiques. Documents d'archives

J. Orlers : *Beschrijvinge der Stadt Leyden*, 2ᵉ édit., Leyde 1641.

Joachim van Sandrart : *Academia tedesca della... Pictura*, Nuremberg 1675.

Samuel van Hoogstraten : *Inleyding tot de Hooge Schoole der Schilderkonst*, Rotterdam 1678.

Filipo Baldinucci : *Cominciamento e progresso dell'arte dell'intagliare in rame, colle vite di molti di piu eccelenti Maestri...* Florence 1686.

Houbraken : *Groote Schonburgh der Nederlantsche Konstschilders en Schilderessen*, Amsterdam 1718.

Les principaux documents d'archives ont été publiés dans les ouvrages de Vosmaer, Bode et Hofstede de Groot, cités plus loin, ainsi que dans les articles publiés par A. Bredius et de N. de Roever, depuis 1882, dans la revue *Oud Holland*.

II. — De l'académisme au romantisme

Andries Pels : *Gebruick en misbruick des toonels*, Amsterdam 1681.

André Félibien : *Entretiens sur les vies et sur les ouvrages des plus excellents peintres anciens et modernes*, Paris 1685.

Roger de Piles : *Abrégé de la vie des peintres*, Paris 1699.

G. de Lairesse : *Groot Schilderboek*, Amsterdam 1714.

Marquis Dargens : *Réflexions critiques sur les différentes écoles de peinture*, Paris 1752.

Lacombe : *Dictionnaire portatif des Beaux-Arts*, Paris 1759.

D'Argenville : *Abrégé de la vie des plus fameux peintres*, Paris 1762.

Taillasson : *Observations sur quelques peintres*, Paris 1807.

C. Josi : *Imitation de dessins d'après les maîtres hollandais et flamands*, Londres 1821.

Th. Gautier : *Esquisse de voyage* (Cabinet de l'amateur et de l'antiquaire, 1845-46).

III. — Principales publications depuis 1850

P. Scheltema : *Rembrand*, Amsterdam 1853. Réédition française, annotée par W. Burger, Paris 1866.

Edouard Kollof : *Rembrand's Leben und Werke*, Leipzig 1854.

C. Vosmaer : *Rembrandt*, La Haye 1863. Réédition française, Paris 1877.

Eug. Fromentin : *Les Maîtres d'autrefois*, Paris 1877.

Emile Michel : *Rembrandt, sa vie, ses œuvres et son temps*, Paris 1893.

W. Bode et C. Hofstede de Groot : *L'Œuvre complet de Rembrandt. Reproduction par l'héliogravure de tous les tableaux du maître, accompagnés de leur histoire, etc.*, Paris 1897-1906.

F. Lippmann et C. Hofstede de Groot : *Original Drawings by Rembrandt Harmensz van Ryn, reproduced in Phototype*, Londres 1888-1892, La Haye 1901, 1903-1906, 1910-1911.

C. Hofstede de Groot : *Die Handzeichnungen Rembrandts. Versuch eines beschreibenden und Kritischen Katalogs*, Haarlem 1906.

Adolf Rosenberg : *Rembrandt, Des Meisters Gemälde in 405 Abbildungen*, Stuttgart et Leipzig 1904.

Frits Lugt : *Mit Rembrandt in Amsterdam*, Berlin 1920.

J. F. Backer : *Les tracas judiciaires de Rembrandt*, en cours de publication dans la *Gaz. des Beaux-Arts*, 1924 et suiv.

IV. — Ouvrages spéciaux sur les eaux-fortes

Helle et Glomy : *Catalogue raisonné de toutes les pièces qui forment l'œuvre de Rembrandt*, composé par M. Gersaint, Paris 1751.

Adam Bartsch : *Catalogue raisonné de toutes les estampes qui forment l'œuvre de Rembrandt*, Vienne 1797.

Chevalier de Claussin : *Catalogue raisonné de toutes les estampes qui forment l'œuvre de Rembrandt*, Paris 1824 et 1828.

Wilson : *A descriptive catalogue of the prints of Rembrandt*, Londres 1836.

Charles Blanc : *L'Œuvre de Rembrandt reproduit par la photographie, décrit et commenté*, Paris 1853, 1859 et 1873-1880.

Francis Seymour Haden : *The etched work of Rembrandt critically reconsidered*, Londres 1877.

Middleton : *A descriptive catalogue of the etched work of Rembrandt*, Londres 1878.

Eugène Dutuit : *L'Œuvre complet de Rembrandt*, Paris 1880, avec 360 héliogravures par Charreyre.

Amand Durand : *L'Œuvre de Rembrandt reproduit en héliogravure*, Paris 1881.

Dimitri Rovinski : *L'Œuvre gravé de Rembrandt. Reproduction des planches originales dans tous leurs états successifs*, Saint-Pétersbourg 1890, 1 000 phototypies.

H.-W. Singer : *Rembrandt. Des Meisters Radierungen in 402 Abbildungen*, Stuttgart et Leipzig 1906.

André-Charles Coppier : *Les eaux-fortes de Rembrandt*, Paris 1917 et 1922.

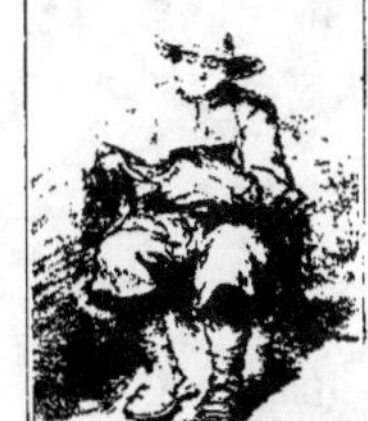

Homme lisant (Dessin). ∅ (Musée du Louvre.) (Cl. Hachette.)

TABLE DES MATIÈRES

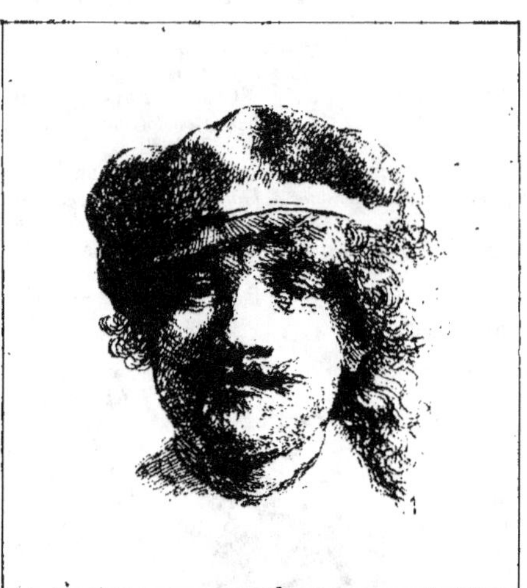

REMBRANDT DIT AUX TROIS MOUSTACHES (Eau-forte, vers 1633). ⌀ (Bibl. Nat.) (Cl. Hachette.)

IMPRIMERIE CRÉTÉ
CORBEIL (S.-ET-O.)
1 9 2 6

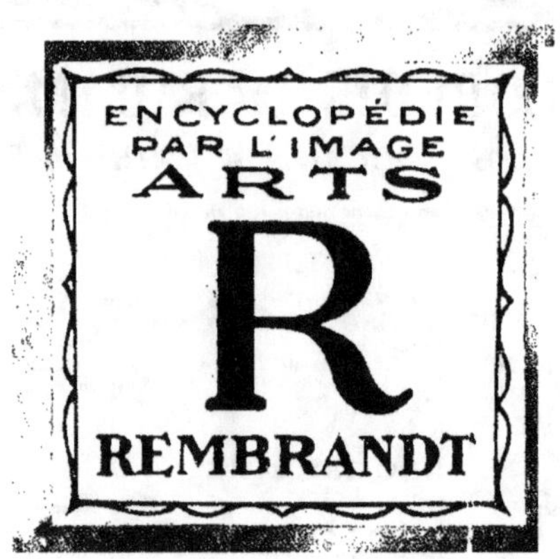
ENCYCLOPÉDIE
PAR L'IMAGE
ARTS
R
REMBRANDT